W0192246

Zu diesem Buch: Der von Adolf Hitler begonnene
Zweite Weltkrieg war verbrecherisch. Darüber
herrschte nach dessen Ende weitgehende Einigkeit –
auch in Deutschland: Aber wie war es mit der Rolle
derer, die ihn führten, der «Soldaten für Hitler»?

Dieses Buch bietet eine vertiefende Übersicht über
jenen äußerst sensiblen Abschnitt der deutschen
Geschichte, der sowohl historisch als auch aktuell
von höchster Brisanz ist. Dokumente, Zeitzeugen und
150 zum Teil erstmals veröffentlichte Fotos erzählen
von Aufstieg, Niedergang und Fall sowie vom «Erbe»
der deutschen Wehrmacht, deren Image von Anstän-
digkeit und Ehrenhaftigkeit ebensowenig aufrechtzu-
erhalten ist wie ihre Charakterisierung als verbrecherische Organisation.

Jürgen Engert (Hg.)

SOLDATEN
FÜR HITLER

Text und Dokumentation: Wolfgang Schneider
Bildredaktion: Bernd Weinkauf

Rowohlt Taschenbuch Verlag

Dieses Buch entstand als Begleitbuch
zu einer gleichnamigen ARD-Serie.

Veröffentlicht im Rowohlt Taschenbuch
Verlag GmbH, Reinbek bei Hamburg,
September 1999
Copyright © 1998 by Rowohlt · Berlin
Verlag GmbH, Berlin
Fachberatung: Dr. Rolf-Dieter Müller
(Militärgeschichtliches Forschungsamt Potsdam)
Umschlaggestaltung Ingrid Albrecht
(Foto: Ullstein Bilderdienst)
Gesamtherstellung Clausen & Bosse, Leck
Printed in Germany
ISBN 3 499 60794 8

Inhalt

Vorwort

von Udo Reiter (Vorsitzender der ARD)

Geschichte im Fernsehen? Noch vor wenigen Jahren wäre das nur schwer möglich gewesen. Geschichte war out im Lande, und wer im Kulturbetrieb etwas auf sich hielt, neigte dazu, seine progressive Gesinnung durch einen «antihistorischen Affekt» (Theodor Schieder) unter Beweis zu stellen. Damals wurde Geschichte als Wissenschaft von aggressiven Modedisziplinen an den Rand gedrängt, als Schulfach mußte sie um die eigenständige Existenz fürchten, in den Medien kam sie nicht vor, so daß kluge Leute schon einen «Verlust der Geschichte» beklagten.

Zum Glück ist es anders gekommen. Der antihistorische Trend hat sich gewendet, und das neue Interesse des Publikums an historischen Themen ist unübersehbar. Die ARD trägt dieser Entwicklung gerne Rechnung. Schon der Fall der Mauer und die dadurch mögliche Aufarbeitung der DDR-Geschichte gab der zeithistorischen Dokumentation einen neuen Schub. 1993 sendete die ARD mit Erfolg eine siebenteilige Serie unter dem Titel «Das war die DDR»; das Begleitbuch erschien bei Rowohlt · Berlin. Weitere Schwerpunkte folgten: die «Wirren Jahre», eine Reihe zur Besatzungszeit in Deutschland. In diesem Jahr stand das Thema Terrorismus im Mittelpunkt. Für Aufsehen sorgten Heinrich Breloer mit seinem Dokumentar-Drama «Todesspiel» sowie die sechsteilige Serie «Im Fadenkreuz».

Geschichte hat Konjunktur – auch im Fernsehen. Wer hätte es noch vor ein paar Jahren für möglich gehalten, daß die mehrere tausend Seiten umfassenden Tagebuchaufzeichnungen eines kaum bekannten jüdischen Professors aus Dresden die Bestsellerlisten erreichen würden? Die ARD wird die Tagebücher von Victor Klemperer aus den Jahren 1933 bis 1945 demnächst verfilmen.

Vor einer Wanderausstellung über die «Verbrechen der Wehrmacht» bilden sich regelmäßig lange Schlangen. Es sind in der

Mehrzahl junge Menschen, aber auch viele ältere Weltkriegsteilnehmer, die bei Wind und Wetter anstehen. Viel Kritisches wurde zur Ausstellung gesagt. Von rechts und links blies man zum Sturm, Politik und Polemik überlagerten oft eine seriöse Diskussion. Genau hier setzen die ARD-Reihe «Soldaten für Hitler» und dieses Buch an. Es geht darum, kompetent zu informieren, ohne bohrenden Fragen aus dem Weg zu gehen. Das Begleitbuch zur Serie soll denen, die sich noch eingehender mit dem Thema beschäftigen wollen, eine Hilfestellung bieten.

«... keiner, dem Geschichte nicht etwas Wichtiges zu sagen hätte.» Die ARD möchte diesen Satz Friedrich Schillers aufgreifen und mit ihren Möglichkeiten einen Beitrag dazu leisten.

Zur Einführung
von Jürgen Engert

Erst nach ihrer Wiedervereinigung wird den Deutschen bewußt, daß ihre gesellschaftliche und geistig-kulturelle Entwicklung nach 1945 in getrennten und zunehmend voneinander isolierten Bahnen verlaufen ist. Alle, die in der Euphorie der gewonnenen Einheit glaubten, unter dem gemeinsamen Dach würden sich Schwestern und Brüder versammeln, erleben nun eine Fremdheit, die aus konträren Mentalitäten herrührt. Sie sind eine Folge der Prägekraft entgegengesetzter sozialer Verfassung. Die Deutschen sprechen die gleiche Sprache, ihre Erfahrungen beziehen sich aber auf zwei antagonistische Welten. In den ersten Nachkriegsjahren ist ihnen noch ein gemeinsames Erleben eigen, mit der Gründung der Bundesrepublik auf der einen, der DDR auf der anderen Seite bricht es ab. Die Konsequenz: Für die Deutschen wird das nationalsozialistische Reich zur letzten identischen Bezugsgröße. Seine Hinterlassenschaft aber, die die Zeitgenossen mit einem einmaligen, in ihrem Namen begangenen Verbrechen, dem technologisch organisierten Mord an Völkerschaften, konfrontierte, wurde in West und Ost gespalten. Ein gemeinschaftliches Verhalten zu einer zwölfjährigen erst getragenen, dann ertragenen Herrschaft, zu einem Vernichtungskrieg, den Hitler von Anfang an im Sinn hatte und mit dem er, nach der Erkenntnis der unabweisbaren Niederlage, auf den Untergang des eigenen Volkes zielte, dieses gemeinschaftliche Verhalten fand nicht statt.

Was habe ich getan, was habe ich unterlassen, zu Hause und an der Front, Fragen, die nicht an Haupt- und Staatsaktionen festzumachen und mit der Beteuerung von Ohnmacht zu beantworten sind; Fragen, die sich vielmehr der einzelne mit Blick auf sein persönliches Umfeld zu stellen hat. Wäre diese Selbsterforschung zum Ereignis geworden, wenn Deutschland nicht unter Kuratel der Sieger und seine beiden Teile nicht schon kurz danach an der Seite der jeweiligen Feinde von gestern gestanden hätten? Die Selbsterforschung hat stets die Selbstbehauptung zum Widerpart. Und wie wesentlich dem Menschen diese Doppelung ist, das illustrieren Länder wie Österreich oder Frankreich, Holland oder Belgien, wenn sie als Nation ihre Vergangenheit zu bedenken haben. Katharsis gehört nicht zu den Lieblingsbeschäftigungen, und eine Massenveranstaltung ist sie gleich gar nicht.

Auch den Deutschen wurde sie nicht auferlegt. Die DDR verschob die Verantwortung für das Naziregime und seinen Krieg einfach gen Westen, dorthin, wo die Kriegstreiber von gestern und heute zu orten seien. Die Bundesrepublik kämpfte um ihre Legitimation durch Integration. Es galt, aus den «Volksgenossen» Bundesbürger zu formen. In einem Land ohne demokratische Tradition war ein demokratisches Gemeinwesen zu begründen. Zu diesem Zweck wurde der Mantel weit geschnitten, damit die vielen darunter Platz hatten. Der «Mitläufer» wurde erfunden, das «Schild der Wehrmacht» als unbefleckt bezeichnet und die Kriegsverbrechen den «Fanatikern» der SS zugeschoben. Die Prozesse der westlichen Siegermächte gegen Wehrmachtsführer und die daraus resultierenden Urteile waren Aufhänger öffentlicher und veröffentlichter Empörung, sie wurden gegengerechnet den Opfern der Flächenbombardements auf deutsche Städte. Eine Generalamnestie wurde als Preis für einen bundesdeutschen Wehrbeitrag verlangt. Der Krieg wurde aufgeteilt: in einen «normalen», an dem die Mehrheit der Soldaten beteiligt gewesen sei, und einen «anormalen», anzulasten Hitler und seinen Konsorten, verantwortlich dafür, daß sie die Wehrmacht in die scheinbare Ausweglosigkeit eines «Befehlsnotstandes» stürzten.

Es gab keine allgemeine Bereitschaft, Tatsachen wahrzunehmen und sie zum Gegenstand des Diskurses zu machen. Zum Beispiel den Erlaß von Generalfeldmarschall Keitel vom 13. Mai 1941: «Für Handlungen, die Angehörige der Wehrmacht und des Gefolges gegen feindliche Zivilpersonen begehen, besteht kein Verfolgungszwang, auch dann nicht, wenn die Tat zugleich ein militärisches Verbrechen oder Vergehen ist.» Ein Sedativ war in Umlauf, beruhigend und schmerzlindernd. Die westlichen Deutschen verordneten sich einen «Heilschlaf». Aus dem erwachten sie erst Ende der siebziger Jahre, als die Klage über den Mangel an Bearbeitung von Deutschland unter dem Hakenkreuz lauthals vorgetragen wurde. – Geschichte, sie ist kollektives Erinnern. Die Deutschen haben 1990 die Chance erhalten, sich wieder gemeinsame Bilder von ihrer Vergangenheit zu fertigen, weil sie der 1979 von Martin Walser erhobenen Forderung nachkamen, «[...] fähig [zu] werden, den historischen Prozeß für uns arbeiten zu lassen. Dazu müssen wir uns ihm fügen, ihm dabei aber unser Interesse gewissermaßen einflößen.» Am 3. Oktober 1990 wurde zielgerichtetes Einpassen zum Ereignis.

Für den Geschichtlichen Arbeitskreis der ARD ist seitdem dieses Datum zu einem Dreh- und Angelpunkt seiner Überlegungen und seiner Arbeit geworden. Bis dahin hatten alle Produktionen im Bereich der Geschichte und Zeitgeschichte keinen unmittelbaren Zugang zur DDR. Zeugnisse konnten dort nicht abgeholt werden. Jetzt ist das partielle Erinnern durch ein kollektives zu ersetzen. Das ist in Anbetracht einer Geschichte der Abbrüche und Einbrüche kein lustvolles, aber ein notwendiges Unterfangen. Die Deutschen hatten versucht, ihrer Geschichte zu entfliehen und ohne sie zu leben, sie hat sie eingeholt, denn: «Die geschichtliche Logik ist noch genauer in ihren Revisionen als unsere Oberrechnungskammern» (Bismarck). Aus dem nationalsozialistischen Deutschland und seinem Wirken sind Folgerichtigkeiten entstanden, die bis in die Gegenwart hinein dauern, und die nun gemeinsam zu verantworten sind, von den Menschen an Ostsee und im Thüringer Wald ebenso wie von denen in Flensburg und am Bodensee.

Der Geschichtliche Arbeitskreis der ARD hatte seine Planungen zu der Serie «Soldaten für Hitler» begonnen, bevor die Ausstellung des Hamburger Instituts für Sozialforschung, «Vernichtungskrieg. Verbrechen der Wehrmacht 1941 bis 1944», heftige Kontroversen verursachte. Die ARD hatte sich in den zurückliegenden Jahrzehnten zwar mehrfach mit den deutschen Soldaten im Zweiten Weltkrieg befaßt, aber dabei handelte es sich um Einzeldarstellungen, nicht um eine Gesamtschau. Ausgangspunkt für die Serie war nicht die Absicht, eine Geschichte des Zweiten Weltkriegs in Bildern aufzulegen, das Geschehen sollte statt dessen durch das Erleben der Soldaten widergespiegelt werden. Die Fakten der historischen Forschung bilden den Hintergrund für erinnertes Erleben.

Geschichte fügt sich nicht durch einen anonymen Weltgeist oder durch Institutionen zusammen, sie besteht aus vielen Geschichten, und die sollen erzählt werden. In der Belletristik ist das Soldatsein zu eindrucksvollen Romanen verarbeitet worden, die Unmittelbarkeit aber ist die Ausnahme von der Regel. Das pauschale Exkulpieren von seiten der DDR, «hier ist der Ort der geborenen Antifaschisten», das Vergessenwollen in der Bundesrepublik, die Reduktion auf Unentrinnbarkeit, sie sind dem verständlichen Bedürfnis von Kriegsteilnehmern entgegengekommen, die Jahre von 1939 bis 1945 in das Unterbewußtsein absinken zu lassen. Obwohl ihre Attitüden und Biographien wesentlich von dem mitbestimmt worden sind, was scheinbar eingesargt und was auch gegenüber den Familien kaum zum Leben wiedererweckt wurde. Angehörige hatten und haben es deshalb noch immer mit Lebenseinstellungen zu tun, die der Erklärung harren.

Dafür sind die Reaktionen auf die Wehrmachtsausstellung des Hamburger Instituts für Sozialforschung ein Indikator. Das Verschließen der Erinnerung konnte auch nicht im Zuge der Vergangenheitsdebatte Ende der siebziger Jahre durchbrochen werden. Denn viele, die fragten, taten es in Gestalt des Anklägers, dem entweder mit Schweigen oder mit Ausfall geantwortet wurde. Ritualisierter Antifaschismus ist kein Mittel für die Psychohygiene.

Diese Zeiten sind vorbei. Heute sind die ehemaligen Soldaten in einem Alter, in dem jeder Rückschau hält und versucht, Bilanz zu ziehen. Die Erzählbereitschaft ist gewachsen. Und die Erzähler stoßen auf ein junges Publikum, das willens ist, ohne Vorurteil zuzuhören. Es sind die, die vor den Fernsehapparaten sitzen und von einer Geschichte wissen möchten, in deren Zusammenhang auch sie stehen, und auf die sie von den anderen gestoßen werden, wenn im eigenen Haus die Darstellung nicht erfolgt.

Was läßt sich aus solch einer Serie deutscher Geschichten in der deutschen Geschichte lernen? Was den Menschen möglich ist: im guten wie im bösen. Das Medium Film kann dabei ein Thema immer nur anreißen. Auch das Gesamtwerk muß Stückwerk bleiben. Von ihm aber kann der Impuls ausgehen, mehr erfahren zu wollen. Wird danach zum Buch gegriffen, um den Eindruck durch die Lektüre zu vertiefen, dann ist das Maximum erreicht, das das Fernsehen leisten kann.

Die sechs Teile der ARD-Serie «Soldaten für Hitler» rücken das Individuum in das Zentrum des Kriegsverlaufs. Dies ist der rote Faden, der sich durch alle Folgen – und auch durch dieses Buch zieht.

In welche neue Lebenswelt tauchte der Soldat ein? Wurde bereits in der Anfangsphase der einzelne durch ein Kollektiv überlagert, so daß auch das Verbrechen als Ausfluß befohlener Totalität und damit als Norm hingenommen wurde? Antworten auf diese Fragen gibt der Teil «Der Einsatz».

Das Kapitel «Die Niederlage» ist damit eng verzahnt. Nach dem Scheitern der deutschen Offensive vor Moskau und trotz der temporären Überwindung der militärischen Krise zeichnet sich am Horizont die Niederlage ab. Wie reagieren die Soldaten auf diese Wende?

Im Abschnitt «Die Verbrechen» wird nach dem Verhalten der Soldaten gegenüber einer Kriegführung geforscht, die jeder «Ritterlichkeit» hohnsprach und die Regeln des «Kriegshandwerks» als «Humanitätsduselei» verdammte.

Die «Landser» standen unter dem Befehl von Hitlers Generälen. Die hohen Militärs hatten mitgeholfen, den ehemaligen Gefreiten als Führer und Diktator zu inthronisieren, weil sie mit ihm – nach der Niederlage im Ersten Weltkrieg, nach der von ihnen verabscheuten Weimarer Republik – ein neues und großmächtiges Deutschland wollten. Im Kapitel «Die Generäle» werden vier aus der Führungselite porträtiert: Erich Raeder, Erich von Manstein, Albert Kesselring und Franz Halder.

Der 20. Juli 1944, der Aufstand des Gewissens gegen Hitler, ist mehrfach im Fernsehen wie auch im Buch Gegenstand der Darstellung gewesen. Inzwischen gehört der 20. Juli 1944 zu den nationalen Gedenktagen, wobei vergessen worden ist, wie zwiespältig das deutsche Gefühl nach 1945 zunächst auf das gescheiterte Attentat auf Hitler reagierte. Der Konsens heute verdeckt aber die vielfältigen anderen Formen des Widerstehens gegen den Krieg. Sie reichen vom Nationalkomitee Freies Deutschland im Osten über die Verweigerung aus politischen oder religiösen Motiven bis hin zur Desertion. Diesem Kapitel widmet sich der Teil «Der Widerstand».

Im Mai 1945 ist der Zweite Weltkrieg zu Ende. Nach dem totalen Krieg die totale Niederlage. Deutschland wird vor der Welt der kriegerischen Verbrechen angeklagt. Millionen von Kriegsgefangenen und Heimkehrern, darunter viele, die meinten, zwischen Hitler und ihrer Vaterlandsliebe unterscheiden zu können, sehen sich mit Verbrechen konfrontiert. Breit und massiv sind die Abwehrreaktionen, die sich auch gegen die Prozesse der Alliierten gegen deutsche Soldaten richten. Der kalte Krieg zwischen Ost und West kommt den Deutschen aber zu Hilfe; die Amerikaner und die Sowjetrussen gliedern die beiden deutschen Teile in ihre Lager ein. Fast im Handumdrehen werden aus gerade noch verfemten Wehrmachtsangehörigen neue Bündnispartner – in Bundeswehr und Nationaler Volksarmee. Im abschließenden Teil «Das Erbe» wird das Soldatsein nach 1945 im Spannungsfeld von Kontinuität und Neubeginn geschildert.

Das vorliegende Buch zur sechsteiligen ARD-Fernsehserie «Soldaten für Hitler» versteht sich als eigenständige Ergänzung der filmischen Aussage. Grundlage ist eine übereinstimmende Gliederung, die der TV-Abfolge zusätzlich ein Buchkapitel über die Gründungs- und Aufstiegsphase der deutschen Wehrmacht (1935 bis 1939) voranstellt.

Jeder der sieben Hauptabschnitte des Bandes beginnt mit einem zusammenfassenden Rahmentext, der die inhaltlichen Schwerpunkte des jeweiligen Kapitels bündelt und dem Leser einen raschen Gesamtüberblick ermöglicht. Eine kapitelweise gegliederte Auswahl zeitgenössischer Dokumente schließt sich an und läßt seinerzeit geheimgehaltene Hintergründe und Zusammenhänge transparent werden. Auszüge aus Exklusiv-Interviews zur ARD-Folge sowie zum Teil erstmals veröffentlichtes Bildmaterial fügen sich zum thematischen Kompendium.

Alle genannten Darstellungen konzentrieren sich weitestgehend auf den militärischen Bereich, ohne ihn jedoch von den politischen Zielsetzungen abzukoppeln. Eine Geschichte des Zweiten Weltkriegs oder gar des «Dritten Reiches» aber kann und will weder dieses Buch noch seine titelgebende Fernsehserie sein. Anliegen ist vielmehr, einen sensiblen und durch aktuelle Brisanz geprägten Teil aufzuarbeitender deutscher Historie facettenartig zu erfassen und eine in Gang geratene Diskussion zu befördern. Buch und Film möchten solchermaßen in gegenseitiger Ergänzung Vergangenheit erkennbar und für Gegenwart und Zukunft nutzbar werden lassen.

CHRONIK DER WEHRMACHT
(1935 BIS 1945)

1935

16. März: Adolf Hitler hebt die militärischen Einschränkungen des Versailler Vertrages auf: Gesetz über den Aufbau der Wehrmacht auf der Grundlage allgemeiner Wehrpflicht; Heeresstärke: 12 Korpskommandos und 36 Divisionen.

6. August 1934: Einer der letzten Aufmärsche der alten Reichswehr. Adolf Hitler beim Vorbeimarsch einer Ehrenkompanie vor der Trauersitzung des Reichstages in der Kroll-Oper in Berlin anläßlich des Todes von Reichspräsident Paul von Hindenburg.

21. April: Erstmals wird der «Tag der Luftwaffe» begangen.

2. Mai: Reichskriegsminister Werner von Blomberg gibt den Befehl zur Planung eines Überraschungsangriffs auf die Tschechoslowakei.

21. Mai: Das Wehrgesetz verordnet die aktive Dienstpflicht vom 18. bis 45. Lebensjahr; die an die Stelle der Reichswehr getretene Wehrmacht (Oberbefehlshaber Blomberg) gliedert sich in das Heer (Oberbefehlshaber Werner Freiherr von Fritsch), die Kriegsmarine (Oberbefehlshaber Erich Raeder) und die Luftwaffe (Oberbefehlshaber Hermann Göring) und ist dem Reichskriegsministerium unterstellt.

Erlaß eines geheimen Reichsverteidigungsgesetzes.

22. Mai: Die Wehrdienstzeit wird auf ein Jahr festgesetzt.

18. Juni: Das deutsch-englische Flottenabkommen begrenzt die Gesamttonnage der deutschen Kriegsmarine auf 35 Prozent der britischen Seestreitkräfte.

26. Juni: Einführung des Reichsarbeitsdienstes «für alle jungen Deutschen beiderlei Geschlechts».

29. Juni: Das erste Unterseeboot der Kriegsmarine läuft aus.

15. September: Nürnberger Gesetze (Reichsbürger- und Blutschutzgesetz), die die Arbeits- und Lebensbedingungen von rund 500000 deutschen Juden stark einschränken.

1. Oktober: Einrichtung der Wehrmachtsakademie in Berlin.

15. Oktober: Wiedereröffnung der Kriegsakademie.

1. November: Einweihung der Luftkriegsakademie in Berlin-Gatow.

7. November: Vereidigung der ersten Rekruten (Jahrgang 1914) unter der neuen, die Farben Schwarz, Weiß und Rot tragenden Reichskriegsflagge.

3. Dezember: Hitler befiehlt die «Ertüchtigung der gesamten deutschen Jugend vom 10. bis 18. Lebensjahr außerhalb der Schulen».

Vereidigung der ersten Wehrmachtsrekruten der Wehrpflicht in Berlin-Ruhleben im November 1935.

6. Januar: Indienstnahme des Panzerschiffs «Admiral Graf Spee».

11. Januar: An die Stelle der Heeresleitung tritt das Oberkommando des Heeres (OKH).

7. März: Deutsche Truppen rücken unter Verletzung des Locarno-Paktes in die 1919 entmilitarisierte Zone des Rheinlands ein.

Die Wehrmacht marschiert in das 1919 entmilitarisierte Rheinland ein, hier ein Artillerieverband bei der Besetzung von Düsseldorf.

16. April: Eröffnung der ersten Luftkriegsschule in Dresden.

26. Juni: Weisung des Reichskriegsministeriums zur «einheitlichen Vorbereitung eines möglichen Krieges».

Gesetz zur Wiedereinrichtung des Reichskriegsgerichts.

25./26. Juli: Hitler beschließt die Einmischung in den Spanischen Bürgerkrieg durch Waffenhilfe für die Franco-Truppen.

6. August: Im südspanischen Cádiz landen erste Einheiten der deutschen «Legion Condor».

24. August: Verlängerung der Wehrdienstpflicht auf zwei Jahre.

4. September: Göring zitiert im Ministerrat eine geheime Denkschrift Hitlers: «Sie geht von dem Grundgedanken aus, daß die Auseinandersetzung mit Rußland unvermeidbar ist.»

1. Oktober: Die Friedensstärke des Heeres beträgt 13 Armeekorps mit 41 Divisionen und Brigaden.

3. Oktober: Das Schlachtschiff «Scharnhorst» läuft vom Stapel.

11. Oktober: Juden und «jüdischen Mischlingen» wird der freiwillige Dienst in der Wehrmacht untersagt.

1. Dezember: Gesetz über die Hitlerjugend (HJ).

8. Dezember: Stapellauf des Schlachtschiffs «Gneisenau».

1937

6. Februar: Der erste deutsche schwere Kreuzer «Admiral Hipper» läuft vom Stapel.

26. April: Bomber der «Legion Condor» zerstören das baskische Guernica.

31. Mai: Ein Geschwader der deutschen Kriegsmarine beschießt die andalusische Küstenstadt Almería.

5. Juni: Göring kündigt vor dem Reichsluftschutzbund in Berlin die Ausgabe von Millionen neuentwickelter «Volksgasmasken» an.

24. Juni: Geheime «Weisung für die einheitliche Kriegsvorbereitung der Wehrmacht» nach Westen (Fall «Rot»), Südosten (Fall «Grün») und Osten sowie für Sonderfälle wie «Otto» (Österreich) und «Richard» (Spanien).

1. Juli: Hitler behält sich die künftige Verleihung von Titeln, Orden und Ehrenzeichen ausschließlich selbst vor.

20. Juli: Gesetzliche Besteuerung für nichteinberufene Wehrpflichtige.

6. bis 13. September: Hitler verkündet auf dem 9. Parteitag der NSDAP in Nürnberg: «Der Garant unserer Freiheit ist unsere eigene Wehrmacht.»

20. September: In Mecklenburg/Pommern und im Ostseeraum beginnt ein einwöchiges Großmanöver aller drei Wehrmachtsteile.

Während des Großmanövers überzeugt sich Hitler persönlich vom Zustand der Truppe und vom Sitz des Tornisters, hier auf dem Truppenübungsplatz Döberitz bei Berlin.

3. Oktober: Hitler fordert zum Erntedankfest die ehemaligen deutschen Kolonien zurück.

5. November: Vor dem Reichskriegsminister (Werner von Blomberg) und dem Reichsaußenminister (Konstantin Freiherr von Neurath) sowie den Oberbefehlshabern des Heeres (Werner Freiherr von Fritsch), der Kriegsmarine (Erich Raeder) und der Luftwaffe (Hermann Göring) erklärt Hitler seine Absicht, die «deutsche Raumfrage» noch vor 1943 durch «Gewalt unter Risiko» zu lösen.

21. Dezember: Überarbeitete Weisung zur einheitlichen Kriegsvorbereitung der Wehrmacht mit der Hauptzielrichtung Tschechoslowakei (Fall «Grün»): «Rasche Besitznahme von Böhmen und Mähren unter gleichzeitiger Lösung der österreichischen Frage im Sinne der Einbeziehung Österreichs in das Deutsche Reich.»

1938

Januar: Intrigen mit dem Ziel, die gesamte Wehrmachtsführung umzubilden und willfährig auf Hitlers Aggressionspläne einzuschwören, führen zum erzwungenen Rücktritt des Reichskriegsministers Werner von Blomberg (26. 1.) und zur Beurlaubung des Oberbefehlshabers des Heeres, Werner Freiherr von Fritsch (28. 1.).

4. Februar: Hitler übernimmt selbst den Oberbefehl über die Wehrmacht; Auflösung des Reichskriegsministeriums und Bildung des Oberkommandos der Wehrmacht (OKW) unter Wilhelm Keitel als militärischer Stab Hitlers; Walther von Brauchitsch wird neuer Oberbefehlshaber des Heeres.

12. März: Deutsche Truppen rücken in Österreich ein.

19. Mai: Scheinaufmarsch von Wehrmachtseinheiten an der tschechoslowakischen Grenze.

29. Mai: Ludwig Beck, Generalstabschef des Heeres, formuliert in einer Denkschrift seine Vorbehalte gegen einen Krieg mit der Tschechoslowakei.

30. Mai: Hitler ordnet die Zerschlagung der Tschechoslowakei an (Weisung «Grün»).

17. August: In der Kriegssonderstrafrechtsverordnung hält der Tatbestand der «Wehrkraftzersetzung» in das Strafrecht Einzug. Von nun an kann jede antinationalsozialistische Äußerung in der Wehrmacht mit harten Strafen (bis zum Tode) belegt werden.

18. August: Aus Protest gegen die Kriegspolitik tritt Beck zurück; neuer Chef des Generalstabes des Heeres wird Franz Halder.

29. September: Im Münchner Abkommen billigen England und Frankreich die Ansprüche Hitlers auf die 1919 in die Tschechoslowakei eingegliederten sudetendeutschen Gebiete; einem von Beck, Carl Friedrich Goerdeler, Halder, Hans Oster, Erwin von Witzleben u. a. für den Fall einer Kriegserklärung an die Tschechoslowakei vorbereiteten Militärputsch wird damit der Boden entzogen.

Auf der Münchner Konferenz wird der Anschluß des Sudetenlandes an das Deutsche Reich von den Engländern und Franzosen gebilligt. Bereits im Vorfeld hatte sich Hitler zweimal mit dem britischen Premier Chamberlain getroffen.

1. Oktober: Deutsche Truppen beginnen mit der Besetzung des Sudetenlandes.

21. Oktober: Hitler erläßt eine erste Weisung zur «Erledigung der Rest-Tschechei».

9. November: «Reichskristallnacht».

1939

15./16. März: Einmarsch deutscher Streitkräfte in die Tschechoslowakei; Bildung des «Protektorats Böhmen und Mähren».

22./23. März: Litauen tritt unter massivem politischen Druck das Memelgebiet an Deutschland ab; Wehrmachtsverbände rücken ein.

Die Slowakei stellt sich unter den «Schutz» des Reiches.

11. April: Die «Weisung für die einheitliche Kriegsvorbereitung der Wehrmacht für 1939/40» legt Einzelheiten des Angriffs auf Polen fest (Fall «Weiß»).

20. April: Vierstündige Militärparade zu Hitlers 50. Geburtstag, der als nationaler Feiertag begangen wird.

28. April: Kündigung des Flottenabkommens mit England sowie des Deutsch-Polnischen Nichtangriffspaktes.

22. Mai: Militärbündnis Deutschland–Italien («Stahlpakt»).

23. Mai: Besprechung Hitlers mit den Oberbefehlshabern der drei Wehrmachtsteile über die Kriegsvorbereitungen gegen Polen und die Westmächte.

Hitler hat die führenden Wehrmachtsoffiziere in die Reichskanzlei einbestellt, um ihnen zu verkünden, daß die wirtschaftlichen Probleme Deutschlands ohne den Einsatz militärischer Mittel nicht länger zu lösen seien.

31. Mai: Rückkehr der deutschen «Legion Condor» aus Spanien.

8. Juli: Vorstellung des Sturzkampfbombers (Stuka) Junkers Ju 87 auf der internationalen Luftfahrtausstellung in Brüssel.

23. August: Deutsch-Sowjetischer Nichtangriffspakt («Hitler-Stalin-Pakt»).

25. August: Der Dienst in der Hitlerjugend wird Pflicht aller Jungen im Alter von zehn bis achtzehn Jahren.

31. August: Hitlers «Weisung Nr. 1 für die Kriegsführung» legt den Überfall auf Polen endgültig für den 1. September 1939, 4.45 Uhr, fest.

1. September: Mit dem Einmarsch deutscher Truppen in Polen beginnt der Zweite Weltkrieg.

3. September: Kriegserklärung Englands und Frankreichs an das Reich.

3./4. September: Deutsche U-Boote eröffnen im Nordatlantik den Handelskrieg; erster Angriff der englischen Luftwaffe auf deutsche Städte (Cuxhaven und Wilhelmshaven).

6. Oktober: Die letzten polnischen Einheiten kapitulieren.

Am 28. September kapituliert Warschau; Wehrmacht und SS präsentieren Hitler eine der im Kampf um die polnische Hauptstadt erbeuteten Trophäen.

9. Oktober: Erste Weisung Hitlers an die Oberbefehlshaber der Wehrmacht zum baldigen Angriff auf Frankreich und die Beneluxstaaten.

14. Oktober: Versenkung des ersten englischen Schlachtschiffs «Royal Oak» im Kriegshafen Scapa Flow.

19. Oktober: Das Oberkommando des Heeres erstellt den ersten Aufmarschplan für die Offensive im Westen.

30. Oktober: Deutsche U-Boote attackieren vergeblich das englische Schlachtschiff «Nelson» mit dem britischen Marineminister Winston Churchill an Bord.

5. September: Der Angriff im Westen wird auf den 12. November 1939 festgesetzt; nachfolgend wird der Termin insgesamt neunundzwanzigmal verschoben.

1940

1. März: Hitler gibt die Weisung zur Besetzung Dänemarks und Norwegens (Unternehmen «Weserübung»).

31. März: Der erste deutsche Hilfskreuzer «Atlantis» läuft aus.

9. April: Invasion in Dänemark und Norwegen.

13. April: Nach erheblichen Verlusten der Kriegsmarine sinken vor Narvik weitere acht Zerstörer.

Mai: Unter Leitung von Rudolf Höß wird in einem Kasernenkomplex der Stadt Oświęcim das Konzentrationslager Auschwitz eingerichtet.

10. Mai: Deutscher Angriff auf Belgien, die Niederlande, Luxemburg und Frankreich (Fall «Gelb»).

14. Mai: Bombardierung Rotterdams.

Mai/Juni: Kapitulation der Niederlande (15. 5.), Belgiens (28. 5.) und Norwegens (10. 6.).

10. Juni: Italien tritt in den Krieg ein.

14. Juni: Paris wird kampflos übergeben.

22. Juni: Unterzeichnung des deutsch-französischen Waffenstillstands in Compiègne.

Die französische Hauptstadt wird ohne nennenswerten Widerstand von den deutschen Truppen eingenommen, zentrale Gebäude für die Wehrmachtsführung beschlagnahmt.

30. Juni: Göring weist die Luftwaffe an, Vorbereitungen für eine Offensive gegen Großbritannien zu treffen.

3. Juli: Im Generalstab des Heeres beginnen operative Erwägungen einer Aggression gegen die Sowjetunion.

10. Juli: Erstmalige Bombardierung strategischer Ziele im Südosten sowie an der Süd- und Südwestküste Englands.

31. Juli: Hitler beziffert die voraussichtliche Dauer des geplanten Feldzugs gegen die UdSSR mit fünf Monaten.

2. August: Elsaß-Lothringen und Luxemburg werden annektiert.

5. August: Die erste «Aufmarschstudie Ost» konkretisiert die Angriffspläne gegen die Sowjetunion.

13. August: Die «Luftschlacht um England» beginnt.

17. August: Über Großbritannien wird die totale Blockade verhängt.

15. September: Bei einem der größten Angriffe auf London werden 56 deutsche Flugzeuge abgeschossen.

19. September: Deutsche «Lehrtruppen» werden nach Rumänien entsandt, um den Aufmarsch gegen die Sowjetunion vorzubereiten.

23. September: Beginn der militärischen Zusammenarbeit mit Finnland.

27. September: Deutschland, Italien und Japan unterzeichnen in Berlin den Dreimächtepakt.

12. Oktober: Die Vorbereitungen für die mehrfach verschobene Landung deutscher Truppen in England (Unternehmen «Seelöwe») werden abgebrochen.

In seiner Weisung vom 16. Juli 1940 zur Operation «Seelöwe» hatte Hitler befohlen, die Vorbereitungen zur Annexion der Britischen Inseln bis Mitte August abzuschließen. Eines der daraufhin geschaffenen Provisorien ist diese kaum seetaugliche, zu einer schwimmenden Flakstellung umgerüstete Fähre.

14./15. November: Rund 500 Bomber zerstören das britische Coventry.

18. Dezember: Weisung Hitlers zur Vorbereitung des Überfalls auf die UdSSR (Unternehmen «Barbarossa»).

1941

12. Februar: Erwin Rommel wird Befehlshaber der für Libyen vorgesehenen Verbände, des späteren «Deutschen Afrika-Korps».

2. März: Deutsche Truppen rücken in Bulgarien ein.

13. März: Der Chef des Oberkommandos der Wehrmacht, Keitel, erläßt Richtlinien für die vorübergehende militärische Verwaltung der zu erobernden sowjetischen Gebiete.

16. März: Hitler-Erlaß zur Einrichtung von Kriegerfriedhöfen.

6. April: Ohne Kriegserklärung überfallen deutsche Streitkräfte Jugoslawien und dringen in Griechenland ein, das bereits am 28. Oktober 1940 von Italien angegriffen worden war.

13. April: Eroberung der Cyrenaika (bis auf die Küstenfestung Tobruk) durch das Afrika-Korps.

April: Kapitulation Jugoslawiens (17. 4.) und Griechenlands (21./23. 4.).

27. April: Deutscher Einmarsch in Athen.

13. Mai: Erlaß über die Ausübung der Kriegsgerichtsbarkeit: Bei Straftaten und Widerstand von seiten der sowjetischen Zivilbevölkerung werden keine Gerichte eingesetzt, die Verdächtigen sind «schonungslos zu erledigen». Bei Straftaten von Soldaten gegen Zivilisten besteht kein Verfolgungszwang mehr für die deutschen Kriegsgerichte.

20. Mai: Deutsche Luftlandetruppen beginnen unter schweren Verlusten mit der Besetzung der Insel Kreta (Unternehmen «Merkur»).

Das Unternehmen «Merkur» zur Eroberung der griechischen Insel Kreta durch Luftlandetruppen wird die bis zu diesem Zeitpunkt opferreichste Operation der Wehrmacht.

27. Mai: Das Schlachtschiff «Bismarck» wird mit fast 2000 Mann Besatzung durch britischen Beschuß im Atlantik versenkt.

6. Juni: «Kommissar-Befehl» des Oberkommandos der Wehrmacht: Im bevorstehenden Krieg gegen die Sowjetunion sind gefangengenommene Politkommissare der Roten Armee «zu erledigen».

22. Juni: Der deutsche Angriff gegen die UdSSR beginnt.

8. Juli: Hitler verlangt, Moskau und Leningrad «dem Erdboden gleichzumachen».

11. Juli: Das Oberkommando der Wehrmacht bezeichnet die Kämpfe um Białystok und Minsk als «größte Material- und Umfassungsschlacht der Weltgeschichte [...] 323 898 Gefangene [...] fielen in unsere Hand».

2. September: Polizeiverordnung zur Einführung des Judensterns im Deutschen Reich und im Protektorat Böhmen und Mähren.

5. September: Die deutsche Besetzung Estlands ist abgeschlossen.

8. September: Beginn der Blockade Leningrads.

15. September: «Sonderdringlichkeit» für die Raketenwaffenentwicklung in Peenemünde.

16. September: «Geiselmord-Befehl» Keitels: Für jeden im Hinterland getöteten deutschen Soldaten sind 50 bis 100 Geiseln zu erschießen.

19. September: Eroberung Kiews durch die 6. Armee.

26. September: Nach Abschluß der Kesselschlacht geraten etwa 665 000 Angehörige der Roten Armee in Gefangenschaft.

2. Oktober: Die «große Offensive» gegen Moskau beginnt.

20. Oktober: Ende der Doppelschlacht bei Wjasma und Brjansk; über 670000 sowjetische Soldaten werden gefangengenommen.

17. November: Generalluftzeugmeister Ernst Udet begeht Selbstmord.

1. Dezember: Der Oberbefehlshaber der Heeresgruppe Mitte, Fedor von Bock, bezeichnet den Zeitpunkt als «sehr nahe [...], in dem die Kraft der Truppe völlig erschöpft ist»; Stocken des Vormarsches auf Moskau.

5. Dezember: Der Oberbefehlshaber des Heeres, von Brauchitsch, reicht resigniert seinen Abschied ein.

5./6. Dezember: Gegenoffensiven der sowjetischen «Kalinin-» und «Westfront» lassen den «Blitzkrieg» scheitern.

7. Dezember: Hitlers «Nacht-und-Nebel-Erlaß» bestimmt für die besetzten Gebiete «bei Straftaten von nichtdeutschen Zivilpersonen, die sich gegen das Reich oder die Besatzungsmacht richten, [...] grundsätzlich die Todesstrafe».

11. Dezember: Kriegserklärung des Deutschen Reiches und Italiens an die USA.

16. Dezember: Das Oberkommando der Wehrmacht weist an, bei der Partisanenbekämpfung «ohne Einschränkung [...] auch gegen Frauen und Kinder jedes Mittel anzuwenden».

19. Dezember: Hitler übernimmt selbst den Oberbefehl über das Heer.

Nicht nur «General Winter», sondern auch die sehr gezielt vorgetragenen Gegenoffensiven der Roten Armee lähmen die Kampfkraft der Truppe, die für einen Winterfeldzug höchst unzureichend ausgerüstet ist.

1942

11. Januar: Vor der amerikanischen Ostküste tauchen erstmals deutsche U-Boote auf (Operation «Paukenschlag»).

18. Januar: Nach mehreren sowjetischen Offensiven beginnt die gesamte Heeresgruppe Mitte den Rückzug in die «Winterstellung».

5. April: Weisung des Oberkommandos der Wehrmacht für die Sommeroffensive an der südlichen Ostfront mit dem Hauptziel der Eroberung kaukasischer Erdölfelder.

30. Mai – 2. Juni: Rund 1000 englische Bomber greifen Köln und Essen an.

21. Juni: Rommels Panzerarmee erobert Tobruk.

28. Juni: Im Südabschnitt der Ostfront beginnt die deutsche Sommeroffensive.

3. Juli: Der deutsch-italienische Vormarsch in Nordafrika stockt vor Al Alamain.

4. Juli: Deutsche Truppen haben die gesamte Krim besetzt.

20. Juli: Erlaß des Oberkommandos der Wehrmacht zur Tätowierung sowjetischer Kriegsgefangener.

Nach ersten Erfolgen gegen britische Verbände kommt der deutsche Vorstoß nach Ägypten bei Al Alamain wegen fehlenden Nachschubs zum Stehen. Ohne Treibstoff werden die Militärfahrzeuge, wie dieser VW-Kübel, in der deckungslosen Wüste zur leichten Beute für die britischen Jäger.

19. August: Friedrich Paulus erteilt der 6. Armee den Angriffsbefehl auf Stalingrad.

25. August: Hitler ordnet die Errichtung des «Atlantikwalls» an.

13. September: Beginn der Kämpfe um Stalingrad.

24. September: Differenzen mit Hitler veranlassen den Generalstabschef des Heeres, Halder, zum Rücktritt; Nachfolger wird Kurt Zeitzler.

2. Oktober: Aufstellung der Bewährungsdivision 999 mit rund 30000 «Wehrunwürdigen».

3. November: Gegen den Durchhaltebefehl Hitlers beginnt Rommel in der Cyrenaika mit dem Rückzug des Afrika-Korps.

11. November: Einmarsch deutscher Truppen in die bisher noch unbesetzten französischen Gebiete.

Anweisung des Oberkommandos des Heeres «für die Bandenbekämpfung im Osten».

19. November: Der Beginn der sowjetischen Gegenoffensive bei Stalingrad führt zur Wende des Kriegsverlaufs.

23. November: Die 6. Armee und weitere Verbände mit insgesamt etwa 250000 Mann werden eingekesselt.

24. November: Aufnahme einer völlig unzureichenden Luftversorgung der eingeschlossenen 6. Armee.

19. Dezember: Der Panzervorstoß der neugebildeten Heeresgruppe Don zum Entsatz Stalingrads kommt 50 Kilometer vor dem Südrand des Kessels zum Stehen.

1943

1. Januar: Beginn des Rückzugs der Heeresgruppe A aus dem Kaukasus.

14. Januar: Konferenz von Casablanca: Großbritannien und die USA verlangen erstmals die bedingungslose Kapitulation Deutschlands und Japans.

18. Januar: Beendigung der Blockade Leningrads.

Auf breiter Front befindet sich die Wehrmacht im Winter 1942/43 auf dem Rückzug. Am 18. Januar 1943 beendet ein Durchbruch durch die deutschen Linien die seit September 1941 bestehende Blockade von Leningrad.

30. Januar: Karl Dönitz wird als Nachfolger Raeders Oberbefehlshaber der Kriegsmarine.

31. Januar: Gegen den Befehl Hitlers, «bis zum letzten Soldaten» zu kämpfen, kapituliert Paulus mit der Südgruppe der 6. Armee; ihm folgt Karl Strecker mit der Nordgruppe (2. 2.).

11. Februar: Jugendliche ab vollendetem 15. Lebensjahr werden als Luftwaffenhelfer einberufen.

Propagandaminister Joseph Goebbels stellt im Berliner Sportpalast «Zehn Fragen vor der Welt». Auf seine vierte Frage «Wollt ihr den totalen Krieg?» antworten Sprechchöre: «Führer befiehl, wir folgen.»

18. Februar: Reichspropagandaminister Joseph Goebbels verkündet im Berliner Sportpalast den «totalen Krieg».

März: Vergebliche Attentatsversuche auf Hitler durch die Obersten Henning von Tresckow (13. 3.) und Rudolf-Christoph Freiherr von Gersdorff (21. 3.).

12./13. Mai: In Tunesien kapituliert die deutsch-italienische Heeresgruppe Afrika; rund 130 000 Wehrmachtsangehörige werden gefangengenommen.

24. Mai: Wegen zu hoher U-Boot-Verluste bricht Dönitz die Geleitzug-Bekämpfung in Rudel-Taktik im Nordatlantik ab.

21. Juni: Auf Weisung Hitlers wird für die Wehrmacht ein zentrales Sonderstandgericht geschaffen.

12./13. Juli: Gründung des Nationalkomitees Freies Deutschland (NKFD) in Krasnogorsk bei Moskau.

13. Juli: Die letzte deutsche Offensive an der Ostfront zur Wiedereroberung von Kursk (Unternehmen «Zitadelle») scheitert.

12. August: Hitler befiehlt die Errichtung des «Ostwalls».

August: Fast 600 britische Kampfflugzeuge bombardieren die Heeresversuchsanstalt (für Raketenwaffen) Peenemünde (17./18. 8.); der Generalstabschef der Luftwaffe, Hans Jeschonnek, begeht Selbstmord (18. 8.).

8. September: Nach dem Sturz Benito Mussolinis und einem italienisch-alliierten Waffenstillstandsabkommen beginnen deutsche Truppen mit der Besetzung Nord- und Mittelitaliens.

11./12. September: Im sowjetischen Lunjowo konstituiert sich der Bund Deutscher Offiziere, eine in Kriegsgefangenschaft entstandene Sammlungsbewegung unter General Walther von Seydlitz-Kurzbach, die die Beendigung des Krieges von außen anstrebte.

5. Oktober: Die letzten Wehrmachtseinheiten räumen Korsika.

13. Oktober: Italien erklärt Deutschland den Krieg.

6. November: Rückeroberung Kiews durch sowjetische Truppen.

21. November: Albert Kesselring wird Oberbefehlshaber der in Italien kämpfenden deutschen Verbände.

29. November: Kriegserklärung Kolumbiens an Deutschland; zum Jahresende befindet sich das Reich mit insgesamt 43 Staaten im militärischen Konflikt.

1944

1. Januar: Rommel wird Oberbefehlshaber der in Frankreich kämpfenden Heeresgruppe B.

14. Januar: Sowjetische Truppen beginnen eine Offensive zur endgültigen Befreiung Leningrads.

4. März: Einheiten der Heeresgruppe Süd werden zum Rückzug aus der Ukraine gezwungen.

19. März: Deutsche Besetzung des Verbündeten Ungarn; Budapest ergibt sich kampflos.

8. Mai: Hitler ordnet die Räumung der Krim an.

18. Mai: Abzug auch aus dem süditalienischen Monte Cassino.

29. Mai: Die deutsche Luftwaffe fliegt ihren letzten Angriff auf London.

6. Juni: Beginn der alliierten Invasion in Nordwestfrankreich; Errichtung der zweiten Front.

12./13. Juni: Erster Abschuß von Fernlenkgeschossen (V 1) auf die britische Hauptstadt.

Eifersüchtig gegen die Forschung des Heeres abgegrenzt, entwickelt die Luftwaffe die lenkbare Flügelbombe Fi 103 «Kirschkern». Weil sie ab Juni 1944 als «Vergeltungswaffe» gegen England eingesetzt wird, erhält sie den Propagandanamen V 1. Die Flugkörper mit einer Reichweite von knapp 400 km werden von stationären, schwer zu tarnenden Rampen gestartet und fliegen zudem so langsam, daß viele von britischen Jägern abgeschossen werden können.

21. Juni: Der Raum Berlin wird von rund 2000 amerikanischen Flugzeugen bombardiert.

30. Juni: Bis Monatsende sind über 850000 Soldaten der Alliierten in der Normandie gelandet.

3. Juli: Als Ergebnis der sowjetischen Sommeroffensive im Mittelabschnitt der Ostfront bricht die Heeresgruppe Mitte zusammen.

20. Juli: Nach zwei vorherigen Attentatsversuchen (11./14. 7.) bringt Claus Graf Schenk von Stauffenberg, Stabschef des Befehlshabers des Ersatzheeres, im Führerhauptquartier «Wolfsschanze» nahe dem ostpreußischen Rastenburg eine Bombe zur Explosion; Hitler überlebt leicht verletzt – der geplante Umsturzversuch scheitert.

21. Juli: Stauffenberg und drei Mitverschwörer werden standrechtlich erschossen, nachfolgend mehr als 7000 Verdächtige verhaftet und Hunderte hingerichtet.

23. Juli: In der Wehrmacht wird der «Deutsche Gruß» eingeführt.

25. Juli: Ein Hitler-Erlaß proklamiert die zweite «totale Mobilisierung».

31. Juli: Amerikanische Panzertruppen durchbrechen die deutsche Abwehrfront am Atlantik.

1. August: Hitler befiehlt «Sippenhaftung» für in Gefangenschaft gegen das Reich agitierende Offiziere.

20. August: Beginn des Abzugs der deutschen Kriegsmarine aus den meisten Atlantikhäfen.

25. August: Alliierte Verbände marschieren in Paris ein.

28. August: Französische Truppen besetzen Marseille.

8. September: Die ersten Fernraketen (V 2) werden auf London abgefeuert.

11. September: Amerikanische Einheiten erreichen bei Trier die Reichsgrenze.

25. September: Erlaß Hitlers zur Bildung des «Deutschen Volkssturms»; alle wehrfähigen Männer zwischen 16 und 60 Jahren sollen «den Heimatboden mit allen Mitteln» verteidigen.

10. Oktober: Sowjetische Truppen überschreiten in Ostpreußen die deutsche Grenze.

14. Oktober: Um einer drohenden Anklage wegen «Mitwisserschaft» am Attentat vom 20. Juli 1944 zu entgehen, läßt sich Rommel von Hitler in den Selbstmord treiben.

21. Oktober: Aachen wird als erste deutsche Großstadt von amerikanischen Verbänden eingenommen.

31. Oktober: Nach einer Meldung des Oberkommandos hat das Heer allein im vergangenen Vierteljahr 1 198 000 Mann an Toten und Verwundeten, Vermißten und Gefangenen verloren.

29. November: Bildung eines Wehrmacht-Helferinnen-Korps.

3. Dezember: Bei Saarlautern brechen US-Truppen in den «Westwall» ein.

16. Dezember: In den Ardennen beginnt die letzte deutsche Offensive im Westen.

1945

3. Januar: Beginn der alliierten Gegenoffensive in den Ardennen.

5. Januar: Die Aktion «Volksopfer» ruft zu Kleidersammlungen für Wehrmacht und «Volkssturm» auf.

12. Januar: Sowjetischer Vorstoß an der Weichsel.

31. Januar: Einheiten der Roten Armee überqueren die Oder.

12. Februar: Aufruf zum «Volkssturm»-Hilfsdienst für Frauen und Mädchen.

13./14. Februar: Anglo-amerikanische Luftangriffe vernichten die Dresdner Innenstadt.

26. Februar: Einrichtung «fliegender» Standgerichte zum mobilen Einsatz an den Frontabschnitten.

5. März: Der Jahrgang 1929 wird zur Wehrmacht einberufen.

Nach dem alliierten Luftangriff brennt Dresden drei Tage lang. In die bis dahin unzerstörte Stadt (630 000 Einwohner) hatten sich mindestens 500 000 Flüchtlinge gerettet, weshalb der Angriff sehr viele Opfer fordert. Weil nicht alle Leichen beerdigt werden können, werden Tausende auf dem Altmarkt verbrannt.

7. März: US-Truppen überschreiten den Rhein bei Remagen.

19. März: Der Hitler-Befehl «Verbrannte Erde» («Nero-Befehl») ordnet die Zerstörung aller «Verkehrs-, Nachrichten-, Industrie- und Versorgungsanlagen sowie Sachwerte» in Rückzugsgebieten auch innerhalb Deutschlands an; Durchführungserlasse des Rüstungsministers Albert Speer schwächen ihn weitestgehend auf bloße Lähmung ab (30. 3./4. 4.).

14. April: Hitler verkündet in seinem Tagesbefehl «an die Soldaten der Ostfront»: «Berlin bleibt deutsch, Wien wird wieder deutsch.»

16. April: Die Rote Armee beginnt ihre Offensive in Richtung der Reichshauptstadt und schließt diese ein (25. 4.).

25. April: Amerikanische und sowjetische Verbände treffen bei Torgau an der Elbe zusammen.

An der Elbe bei Torgau treffen Vorausabteilungen der sowjetischen und der amerikanischen Armee zusammen. Damit ist der deutsche Kampfraum in zwei Teilgebiete zerrissen.

41

26. April: Ein Bericht des Heeresamtes im Oberkommando des Heeres beziffert die Verluste im Zeitraum vom 1. September 1939 bis 20. April 1945 mit insgesamt 1 211 222 Gefallenen, 4 708 977 Verwundeten und 2 394 751 Vermißten.

29. April: Britische Truppen überschreiten die Elbe bei Lauenburg.

30. April: Erstürmung des Reichstags; Hitler begeht Selbstmord.

1./2. Mai: Als «Reichspräsident» tritt Dönitz die testamentarisch verfügte Nachfolge an, erläßt den Tagesbefehl zur Fortsetzung des Krieges und bildet in Flensburg eine «Geschäftsführende Reichsregierung» unter Johann Ludwig Graf Schwerin von Krosigk.

2. Mai: Berlin kapituliert.

Mai: Bedingungslose Gesamtkapitulation der deutschen Wehrmacht vor den vier Siegermächten: In Reims unterzeichnen für das Heer Alfred Jodl, für die Kriegsmarine Hans Georg von Friedeburg und für die Luftwaffe Wilhelm Oxenius (7. 5.), in Berlin-Karlshorst Keitel, Friedeburg und Hans-Jürgen Stumpff (8./9. 5.).

20. November: Beginn der Nürnberger Prozesse vor einem Internationalen Militärtribunal der Siegermächte. Bis zum 1. Oktober 1946 wird gegen 24 Männer verhandelt, die sich in führender Stellung zahlreicher Verbrechen schuldig gemacht haben: Verbrechen gegen den Frieden, Kriegsverbrechen. Verbrechen gegen die Menschlichkeit. Fünf der Angeklagten im Hauptprozeß gehörten der Wehrmachtsführung an:
– Hermann Göring, Reichsmarschall, Preußischer Ministerpräsident und Reichsluftfahrtminister (Todesurteil, beging vor Vollstreckung Selbstmord),
– Alfred Jodl, Generaloberst und Chef des Wehrmachtsführungsstabes (Todesurteil);
– Wilhelm Keitel, Generalfeldmarschall und Chef des Oberkommandos der Wehrmacht (Todesurteil);

– Erich Raeder, Großadmiral und Oberbefehlshaber der Kriegsmarine (lebenslange Freiheitsstrafe);
– Karl Dönitz, Großadmiral und Nachfolger Raeders als Oberbefehlshaber der Kriegsmarine, letzter Reichspräsident (10
Jahre Freiheitsentzug).

Die Angeklagten im Nürnberger Hauptprozeß.

1. GRÜNDUNG UND AUFSTIEG

Der Versailler Vertrag von 1919 hatte Deutschland im Ergebnis des Ersten Weltkriegs strenge militärische Beschränkungen auferlegt. Die ohne allgemeine Wehrpflicht ausschließlich aus Berufssoldaten zu bildende Reichswehr – so die Bezeichnung der nunmehrigen Streitkräfte – gliederte sich in das Reichsheer mit einer zugelassenen Stärke von 100 000 Mann und die auf 15 000 Mann begrenzte Kriegsmarine. Den Landtruppen war der Besitz von Angriffswaffen wie Panzern, schwerer Artillerie und Kampfgas verboten, der Aufbau einer Luftwaffe gänzlich untersagt; den Seestreitkräften wurden je sechs Schlachtschiffe und kleine Kreuzer, je zwölf Zerstörer und Torpedoboote, aber keine U-Boote zugestanden.

Sofort nach seiner Machtübernahme 1933 beginnt Hitler, diese Bestimmungen des «Schanddiktats» zu unterlaufen. Als die Reichsregierung schließlich am 16. März 1935 das «Gesetz für den Aufbau der Wehrmacht» verkündet, läuft die Hochrüstung längst auf vollen Touren. Der schon 1932 von der Reichswehr ausgearbeitete «A-Plan», der die Verdreifachung der Truppenstärke und die Modernisierung der Bewaffnung vorsieht, ist abgeschlossen, der geheime Aufbau der Luftwaffe weit vorangeschritten. Hitler läßt nun die Tarnung fallen, wagt den offenen Bruch des Versailler Vertrages in allen entscheidenden militärischen Bestimmungen. Und mit der Wiedereinführung der allgemeinen Wehrpflicht legt Hitler den Grundstein für den systematischen Auf- und Ausbau einer schlagkräftigen Eroberungsarmee als Hauptinstrument zur Umsetzung seiner «Lebensraum»-Forderungen.

Der Protest der Westmächte bleibt erwartungsgemäß lau und verbal. Das begünstigt das Regime bei der intensiven wie allseitigen Vorbereitung einer aggressiven Expansion. Die ersten Raubzüge beginnen. Noch vor Kriegsausbruch fallen binnen eines Jahres mit dem «Anschluß» Österreichs, der Einverleibung der Sudetengebiete, der Zerschlagung der Tschechoslowakei und der Besetzung des Memelgebietes erhebliche rüstungswirtschaftliche Ressourcen an Deutschland; zugleich wächst sein Territorium um fast eine Viertelmillion Quadratkilometer, seine Bevölkerung um rund 18 Millionen Menschen.

Mehr angeregt als gesättigt, erhebt Hitler nun Gebietsansprüche gegenüber Polen. Er stützt sich dabei auf ein Feldheer mit 86 Infanteriedivisionen, sechs Panzerdivisionen, drei Gebirgsdivisionen, vier motorisierte Infanteriedivisionen und eine Kavalleriebrigade, zuzüglich einer großen Anzahl ständiger Grenzschutzformationen sowie auf eine Luftwaffe mit einer Stärke von 670 000 Mann, die über 302 Staffeln verfügt; hinzu kommen knapp 300 000 Mann Flakartillerie und rund 130 000 Mann Kriegsmarine. Insgesamt umfaßte die Wehrmacht am 1. September 1939 4,5 Millionen Mann.

Am 23. Mai 1939 verkündet Hitler vor den Oberbefehlshabern der drei Wehrmachtsteile, Walther von Brauchitsch (Heer), Erich Raeder (Marine) und Hermann Göring (Luftwaffe), seinen Entschluß, «bei erster passender Gelegenheit Polen anzugreifen».

Am 1. September 1939 ist es dann soweit. Um 4.45 Uhr marschieren deutsche Truppen in Polen ein. Für die Öffentlichkeit wurde das Unternehmen als Vergeltung für angebliche polnische Übergriffe kaschiert. Eine Art von Polizei-Aktion, wie jene in den letzten Monaten gegen Österreich und die Tschechoslowakei.

Im Sommer 1939 glaubte Hitler, daß ihm Polen trotz des Bündnisses mit Frankreich und England als isolierte Beute in den Schoß fallen würde. Völlig überraschend war es ihm sogar gelungen, sich mit Stalin zu verständigen, so daß Deutschland politisch, militärisch und wirtschaftlich mächtiger denn je dastand. Polen, von allen Seiten eingekreist, mit einer schwachen und schlecht bewaffneten Armee, hatte nicht die geringste Chance. Hier sollte die Wehrmacht ihren ersten blutigen Sieg erfechten, den Gegner wie mit einem Blitz niederschmettern, als Drohung an das Ausland. Als Hitler seine Generäle in den Plan einweihte, fand er uneingeschränkte Zustimmung.

Aus ihren Kasernen heraus, ohne große Mobilmachung, marschierten die deutschen Soldaten über die Grenze. Stoßkeile aus Panzern und Sturzkampfbombern bahnten ihnen den Weg. Die Masse der polnischen Armee wurde innerhalb von zwei Wochen eingekesselt und gefangengenommen.

Bei ihrem stürmischen Vormarsch konnten die Soldaten beobachten, wie SS- und Polizei-Einheiten grausamste Mord- und Gewalttaten begingen, einzelne Beschwerden und Meldungen verliefen im Sande. Die Heeresführung kümmerte sich lieber um andere Probleme. Hitlers Plan einer Polizei-Aktion war nicht aufgegangen. Paris und London hatten auf den deutschen Einmarsch in Polen mit einem Ultimatum geantwortet und am 3. September dem «Dritten Reich» den Krieg erklärt. Der hastig errichtete Westwall hielt die Alliierten zwar zunächst von einem Angriff ab, aber nun befand sich die Wehrmacht vorzeitig im Krieg mit starken Gegnern. Hitler drängte sofort zu einem Schlag gegen Frankreich, doch seine Generäle rieten ab. Die Truppen waren erschöpft und mußten umgegliedert werden. Es gab keinen Feldzugsplan, Waffen und Munition für eine große Materialschlacht fehlten. So ging die Wehrmacht bis zum Frühjahr 1940 in eine Art von Sitzkrieg.

Dokumente 1935 – 1939

Aus dem «Gesetz für den Aufbau der Wehrmacht»
(16. März 1935)

Die Reichsregierung hat folgendes Gesetz beschlossen, das hiermit verkündet wird:

§ 1 Der Dienst in der Wehrmacht erfolgt auf der Grundlage der allgemeinen Wehrpflicht.

§ 2 Das deutsche Friedensheer einschließlich der überführten Truppen-Polizeien gliedert sich in 12 Korpskommandos und 36 Divisionen.

§ 3 Die ergänzenden Gesetze über die Regelung der allgemeinen Wehrpflicht sind durch den Reichswehrminister dem Reichsministerium alsbald vorzulegen.

Die neue Reichskriegsflagge, in den alten Farben des Kaiserreiches – Schwarz-Weiß-Rot – wird ab 7. November 1935 über allen Garnisonen der Wehrmacht gehißt.

Aus einer Rede des Reichskriegsministers
Werner von Blomberg (17. März 1935)

Indem die Reichsregierung am gestrigen Tag das Gesetz über den Aufbau der deutschen Wehrmacht verkündete, mit dem die allgemeine Wehrpflicht wieder eingeführt wird, ist die Grundlage für die Sicherheit des Reichs geschaffen. Für das innen- und außenpolitische Leben unseres Volkes aber ist die deutsche Wehrmacht im Begriff, wieder das zu werden, was sie einst war und was sie sein muß: nach innen eine Schule der Nation für die Erziehung unserer Jugend im Geiste der Wehrhaftigkeit und opferbereiter Vaterlandsliebe, nach außen der völlig gleichberechtigte und gleichbefähigte Hüter und Wächter des Reichs [...]

Wir wollen uns bekennen zu den Idealen eines starken, wehrhaften und stolzen Deutschlands, das nie mehr kapituliert und nie mehr seine Unterschrift unter Verträge und Abmachungen setzen wird, die seine Ehre, seine Sicherheit und sein Lebensrecht beeinträchtigen.

Aus dem Tagebuch von Alfred Rosenberg, dem
– neben Goebbels – Hauptpropagandisten der Partei und
späteren (ab 1941) Reichsminister für die besetzten Ostgebiete
(18. März 1935)

Wir alle stehen noch unter dem Eindruck dieser letzten Tage, da der Führer die Souveränität D[eutschlands] verkündete. Er hat den Beschluß plötzlich gefaßt. Wie er uns am Abend des 16. 3. sagte, hätte er aber 10 Tage nicht geschlafen, weil er immer wieder alle Möglichkeiten überdachte. Dann erzählte er, wie die Botschafter seine Mitteilung aufgenommen hätten. Der Italiener wurde bleich (vor Wut, er ist stets ein Gegner gewesen), der Franzose war konsterniert, meldete aber schon einen wahrscheinlichen Protest seiner Regierung an. Der Führer: «Ich nehme davon Kenntnis.» – «Im übrigen», fügte er zu uns hinzu, «ist die Achtung vor uns aber ständig im Wachsen, ich alter Praktikus merke es dem Betragen der Botschafter an. Poncet machte am Ende dann doch eine Verbeugung bis zur Horizontalen.» Auf die Eröffnung hätte der Engländer gesagt: «Aber darüber wollten wir doch gerade verhandeln.» Er fand sich aber schnell und fragte, wie es mit den Luft- und Flottenfragen stünde. Worauf der Führer erklärte, diese Angebote an England bestünden freibleibend weiter

Wie hier in dem Harzstädt-
chen Quedlinburg rücken
nach Erlaß des Wehrgesetzes
vom 21. Mai 1935 die ersten
Rekruten in die Kasernen ein,
am 7. November wird der
erste Jahrgang vereidigt.

(d. h. Parität der Luftwaffe, 35 % der Flotte). Phipps: «Dann ist es
ja gut. Und wieviel sind die 36 Divisionen ungefähr?» Darauf der
Führer: «Rußland hat 100 Divisionen, Polen 30, Frankreich 42,
wir also 36.» Worauf Phipps auch hier seine Zufriedenheit aus-
sprach. Ich sagte: «Wenn die Franzosen Schneid hätten, müßten
jetzt in Paris die Bomber absurren.» Führer: «Ich glaube, wir
kommen durch.»

51

**Aus einer Rede Hitlers vor dem Deutschen Reichstag
(21. Mai 1935)**

Unsere volkliche Lehre sieht in jedem Krieg zur Unterjochung und Beherrschung eines fremden Volkes einen Vorgang, der früher oder später den Sieger innerlich verändert und schwächt und damit in der Folge zum Besiegten macht [...] Unsere Friedensliebe ist vielleicht größer als die anderer Völker, denn wir haben am meisten unter diesem unseligen Krieg gelitten. Niemand von uns hat die Absicht, jemanden zu bedrohen. [...] Wir wollen von unserer Seite aus alles tun, um mit dem französischen Volk zu einem wahren Frieden, zu einer wirklichen Freundschaft zu kommen. Wir anerkennen den polnischen Staat als Heimstätte eines großen, national fühlenden Volkes, mit dem Verständnis und der herzlichen Freundschaft aufrichtiger Nationalisten [...] Deutschland hat weder die Absicht noch den Willen, sich in die inneren österreichischen Verhältnisse einzumengen, Österreich etwa zu annektieren oder anzuschließen. [...]

Ich kann die heutige Rede vor Ihnen, meine Mitkämpfer und Vertrauensmänner der Nation, nicht besser schließen, als durch die Wiederholung unseres Bekenntnisses zum Frieden. Die Art unserer neuen Verfassung gibt uns die Möglichkeit, in Deutschland den Kriegshetzern das Handwerk zu legen. Möge es auch den anderen Völkern gelingen, der wahren Sehnsucht ihres Inneren mutigen Ausdruck zu verleihen! Wer in Europa die Brandfackel des Krieges erhebt, kann nur das Chaos wünschen.

Aus dem «Wehr-Gesetz» (21. Mai 1935)

Abschnitt / Allgemeines

§ 1 (1) Wehrdienst ist Ehrendienst am deutschen Volke.

(2) Jeder deutsche Mann ist wehrpflichtig.

(3) Im Kriege ist über die Wehrpflicht hinaus jeder deutsche Mann und jede deutsche Frau zur Dienstleistung für das Vaterland verpflichtet.

§ 2 Die Wehrmacht ist der Waffenträger und die soldatische Erziehungsschule des deutschen Volkes. Sie besteht aus dem Heer, der Kriegsmarine, der Luftwaffe.

§ 3 (1) Oberster Befehlshaber der Wehrmacht ist der Führer und Reichskanzler.

Während des «Reichsparteitages der Freiheit» 1935 rollen Kampfpanzer durch das Nürnberger Stadion.

Nach jahrelang geheimgehaltener Vorbereitung wird am 29. Juni 1935 das erste deutsche U-Boot offiziell in Dienst gestellt; hier die Weddigen-Flottille im Kieler Hafen.

Über Nürnberg paradiert ein Bombergeschwader der am 9. März 1935 von Göring proklamierten Luftwaffe.

(2) Unter ihm übt der Reichskriegsminister als Oberbefehlshaber der Wehrmacht Befehlsgewalt über die Wehrmacht aus.

Aus den Aufzeichnungen des deutschen Botschafters in Rom, Ulrich von Hassell, über Pläne zur Rheinland-Besetzung (14. Februar 1936)

Der Führer führte aus, daß er zur Zeit mit einer außerordentlich weittragenden Frage beschäftigt sei, über die er bisher nur mit den Herren von Neurath, von Blomberg, von Fritsch, von Ribbentrop und Göring gesprochen habe. Es handelt sich darum, ob Deutschland die Pariser Ratifizierung des Russenpakts (bzw. auch schon einen zustimmenden Kammerbeschluß) zum Anlaß nehmen solle, Locarno zu kündigen und die entmilitarisierte Zone wieder mit Truppen zu belegen. Letzteres sei vom militärischen Standpunkt gesehen eine unbedingte Notwendigkeit. Bisher habe er immer als Zeitpunkt das Frühjahr 1937 ins Auge gefaßt. Die politische Entwicklung lege aber den Gedanken nahe, ob nicht der psychologische Augenblick jetzt gekommen sei [...]

Aus der Unterhaltung mit Neurath ist interessant, daß nach seiner Ansicht für Hitler in erster Linie das innerpolitische Motiv maßgebend ist: H[itler] fühle das Herabgehen der Stimmung für das Regime und suche eine nationale Parole, um die Massen neu zu entflammen, die üblichen Wahlen nebst Volksabstimmung oder eins von beiden zu machen und anschließend eine große innere Anleihe aufzulegen. Die Militärs (Fritsch, Beck) seien gegen die Sache, außer Blomberg, der wie immer blind allem zustimme, was H[itler] anrege.

Aus dem Befehl von Blombergs zur Besetzung der entmilitarisierten Rheinlandzone (2. März 1936)

1.) Der Führer und Reichskanzler hat folgendes entschieden: Durch den französisch-russischen Beistandspakt sind die von Deutschland im Locarno-Vertrag übernommenen Bindungen, soweit sie die Artikel 42 und 43 des Vertrages von Versailles über die entmilitarisierte Zone betreffen, als hinfällig zu betrachten.

2.) Teile des Heeres und der Luftwaffe werden daher überraschend und gleichzeitig in Standorte der entmilitarisierten Zone verlegt werden [...]

7.) Sollten die übrigen Signatarmächte des Locarnopaktes mit mi-

Am «Heldengedenktag», dem 17. März 1935, zeigt sich Reichskanzler Hitler (vorn, Mitte) eskortiert vom Weltkriegsveteran von Mackensen (links) und dem Oberbefehlshaber der Wehrmacht von Blomberg; in der zweiten Reihe (v. l. n. r.) die Oberbefehlshaber von Fritsch (Heer), Göring (Luftwaffe) und Raeder (Kriegsmarine).

litärischen Vorbereitungen auf die Verlegung deutscher Truppen in die entmilitarisierte Zone antworten, so bleibt jede militärische Gegenmaßnahme meiner Entscheidung vorbehalten. Im Falle feindlicher Grenzverletzungen in offensiver Absicht ist den Aufmarsch- und Kampfanweisungen entsprechend zu verfahren.

Aus einem Befehl Adolf Hitlers zur
«Pflege des Rassegedankens» und der «Führerauslese»
in der Wehrmacht (13. Mai 1936)
Die nationalsozialistische Staatsauffassung verlangt die Pflege des Rassegedankens und eine Führerauslese aus Menschen rein deutschen oder artverwandten Blutes.

Für die Wehrmacht ist es daher eine selbstverständliche Verpflichtung, ihre Berufssoldaten und damit ihre Führer und Unterführer über die gesetzlichen Vorschriften hinaus nach schärfsten rassischen Gesichtspunkten auszuwählen und dadurch als

Erzieher in der soldatischen Schule des Volkes eine Auslese besten deutschen Volkstums zu erhalten. Ich erwarte, daß die Wehrmacht sich dieser Verantwortung für Volk und Vaterland bewußt ist.

Aus der Aussage Hermann Görings
vor dem Internationalen Militärtribunal in Nürnberg
am 14. März 1946 über den deutschen Luftwaffeneinsatz
im Spanischen Bürgerkrieg (ab 6. August 1936)
Als in Spanien der Bürgerkrieg ausgebrochen war, sandte Franco einen Hilferuf an Deutschland um Unterstützung, besonders in der Luft [...] Der Führer überlegte sich, ich drängte lebhaft, die Unterstützung unter allen Umständen zu geben. Einmal, um der Ausweitung des Kommunismus an dieser Stelle entgegenzutreten, zum zweiten aber, um meine junge Luftwaffe bei dieser Gelegenheit in diesem oder jenem technischen Punkt zu erproben.

Ich sandte mit Genehmigung des Führers einen großen Teil meiner Transportflotte und sandte eine Reihe von Erprobungskommandos meiner Jäger, Bomber und Flakgeschütze hinunter und hatte auf diese Weise Gelegenheit, im scharfen Schuß zu erproben, ob das Material zweckentsprechend entwickelt wurde. Damit auch das Personal eine gewisse Erfahrung bekam, sorgte ich für einen starken Umlauf, das heißt immer wieder neue hin und die anderen zurück.

Aus von Blombergs «Weisung für die einheitliche
Kriegsvorbereitung der Wehrmacht» (24. Juni 1937)
Allgemeine Richtlinien.
1.) Die allgemeine politische Lage berechtigt zu der Vermutung, daß Deutschland mit keinem Angriff von irgendeiner Seite zu rechnen hat. Hierfür sprechen in erster Linie neben dem fehlenden Kriegswillen bei fast allen Völkern, insbesondere bei den Westmächten, auch die mangelnde Kriegsbereitschaft einer Reihe von Staaten, vornehmlich Rußlands. Ebensowenig besteht von Seiten Deutschlands die Absicht, einen europäischen Krieg zu entfesseln.

Trotzdem erfordert die politisch labile und überraschende Zwischenfälle nicht ausschließende Weltlage eine stete Kriegsbereit-

schaft der deutschen Wehrmacht.

Am 7. März 1936 marschiert die Wehrmacht in das 1919 entmilitarisierte Rheinland ein. Die Truppen werden auf dem Kölner Domplatz mit einem Salut gefeiert.

a) um Angriffen jederzeit entgegenzutreten

b) und um etwa sich ergebende politisch günstige Gelegenheiten militärisch ausnutzen zu können [...]

Teil 2

Wahrscheinliche Kriegsfälle

(Aufmärsche) [...]

II.) Zweifrontenkrieg mit Schwerpunkt Südost.

(Aufmarsch «Grün»)

1.) Voraussetzungen.

Um den bevorstehenden Angriff einer überlegenen feindlichen Koalition abzuwehren, kann der Krieg im Osten mit einer überraschenden deutschen Operation gegen die Tschechoslowakei beginnen. Die politischen und völkerrechtlichen Voraussetzungen für ein derartiges Handeln müssen vorher geschaffen sein [...]

2.) Aufgabe der deutschen Wehrmacht ist es, ihre Vorbereitungen so zu treffen, daß die Masse aller Kräfte schnell, überraschend und mit stärkster Wucht in die Tschechoslowakei einbrechen kann und daß im Westen nur ein Mindestmaß von Kräften als Rückendeckung für diese Angriffsoperation vorgesehen wird.

Zweck und Ziel dieses Überfalls durch die deutsche Wehrmacht soll sein, durch Zerschlagen der feind[lichen] Wehrmacht und Besetzen von Böhmen und Mähren die Rückenbedrohung durch die Tschechoslowakei für den Kampf im Westen auf die Dauer des Krieges von vornherein auszuschalten und der russischen Luftwaffe den wesentlichsten Teil ihrer Operationsbasis in der Tschechoslowakei zu entziehen [...]

Das Endziel besteht in einem planmäßig im Frieden vorbereiteten strategischen Überfall auf die Tschechoslowakei, der ihre Befestigungen überraschend zu Fall bringt, ihre Wehrmacht noch in der Mobilmachung faßt und zerschlägt und in Ausnutzung der völkischen Zersplitterung die Tschechoslowakei in kurzer Zeit zum Erliegen bringt.

Aus dem Erlaß Hitlers über die oberste Wehrmachtsführung (4. Februar 1938)

Die Befehlsgewalt über die gesamte Wehrmacht übe ich von jetzt an unmittelbar persönlich aus.

Das bisherige Wehrmachtamt im Reichskriegsministerium tritt mit seinen Aufgaben als «Oberkommando der Wehrmacht» und als mein militärischer Stab unmittelbar unter meinen Befehl.

An der Spitze des Stabes des Oberkommandos der Wehrmacht steht der bisherige Chef des Wehrmachtamts als «Chef des Oberkommandos der Wehrmacht». Er ist im Range den Reichsministern gleichgestellt.

Das Oberkommando der Wehrmacht nimmt zugleich die Geschäfte des Reichskriegsministeriums wahr, der Chef des Oberkommandos der Wehrmacht übt in meinem Auftrage die bisher dem Reichskriegsminister zustehenden Befugnisse aus. Dem Oberkommando der Wehrmacht obliegt im Frieden nach meinen Weisungen die einheitliche Vorbereitung der Reichsverteidigung auf allen Gebieten.

Aus der Weisung Hitlers zum Einmarsch in Österreich (11. März 1938)

1. Ich beabsichtige, wenn andere Mittel nicht zum Ziele führen, mit bewaffneten Kräften in Österreich einzurücken und dort verfassungsmäßige Zustände herzustellen und weitere Gewalttaten gegen die deutschgesinnte Bevölkerung zu unterbinden [...]

58   3. Aufgaben:

Im Spanischen Bürgerkrieg von 1936/39 kann der deutsche Luftwaffenverband «Legion Condor» die neue Ausrüstung «im scharfen Schuß» (Göring) erproben. Der Chef der Luftwaffen-Versuchs-gruppe von Richthofen (rechts) bespricht mit General Franco (Mitte) den Einsatz.

a) Heer: Der Einmarsch nach Österreich hat in der mir vorgetra-genen Art zu erfolgen. Das Ziel für das Heer ist zunächst die Be-setzung von Oberösterreich, Salzburg, Niederösterreich, Tirol, die schnelle Besitznahme von Wien und die Sicherung der öster-reichisch-tschechischen Grenze.

b) Luftwaffe: Die Luftwaffe hat zu demonstrieren und Propagan-damaterial abzuwerfen, österreichische Flughäfen für eventuell nachzuziehende Verbände zu besetzen, das Heer in dem erforder-lichen Umfange zu unterstützen und außerdem Kampfverbände zu besonderen Aufträgen bereitzuhalten.

4. Die für das Unternehmen bestimmten Kräfte des Heeres und der Luftwaffe müssen ab 12. 3. 38 spätestens 12 Uhr einmarsch-bzw. einsatzbereit sein. Die Genehmigung zum Überfliegen und Überschreiten der Grenze und die Festsetzung des Zeitpunktes hierfür behalte ich mir vor.

5. Das Verhalten der Truppe muß dem Gesichtspunkt Rechnung tragen, daß wir keinen Krieg gegen ein Brudervolk führen wol-len. Es liegt in unserem Interesse, daß das ganze Unternehmen

ohne Anwendung von Gewalt in Form eines von der Bevölkerung begrüßten friedlichen Einmarsches vor sich geht. Daher ist jede Provokation zu vermeiden. Sollte es aber zum Widerstand kommen, so ist er mit größter Rücksichtslosigkeit durch Waffengewalt zu brechen. Übergehende österreichische Verbände treten sofort unter deutschen Befehl.

Aus dem Münchner Abkommen über die Zerstückelung der Tschechoslowakei (29. September 1938)
Deutschland, das Vereinigte Königreich von Großbritannien, Frankreich und Italien sind unter Berücksichtigung des Abkommens, das hinsichtlich der Abtretung des sudetendeutschen Gebietes bereits grundsätzlich erzielt wurde, über folgende Bedingungen und Modalitäten dieser Abtretung und über die danach zu ergreifenden Maßnahmen übereingekommen und erklären sich durch dieses Abkommen einzeln verantwortlich für die zur Sicherung seiner Erfüllung notwendigen Schritte.

1. Die Räumung beginnt am 1. Oktober.

2. Das Vereinigte Königreich von Großbritannien, Frankreich und Italien vereinbaren, daß die Räumung des Gebietes bis zum 10. Oktober vollzogen wird, und zwar ohne Zerstörung irgendwelcher bestehender Einrichtungen, und daß die tschechoslowakische Regierung die Vertantwortung dafür trägt, daß die Räumung ohne Beschädigung der bezeichneten Einrichtungen durchgeführt wird.

3. Die Modalitäten der Räumung werden im einzelnen durch einen internationalen Ausschuß festgelegt, der sich aus Vertretern Deutschlands, des Vereinigten Königreichs von Großbritannien, Frankreich, Italiens und der Tschechoslowakei zusammensetzt.

4. Die etappenweise Besetzung des vorwiegend deutschen Gebietes durch deutsche Truppen beginnt am 1. Oktober [...]

6. Die endgültige Festlegung der Grenzen wird durch den internationalen Ausschuß vorgenommen werden. Dieser Ausschuß ist berechtigt, den vier Mächten, Deutschland, dem Vereinigten Königreich von Großbritannien, Frankreich und Italien, in bestimmten Ausnahmefällen geringfügige Abweichung von der streng ethnographischen Bestimmung der ohne Volksabstimmung zu übertragenden Zonen zu empfehlen [...]

8. Die tschechoslowakische Regierung wird innerhalb einer Frist

Von der Wiener Bevölkerung wird Hitler für die Verwirklichung der Idee von Großdeutschland am 15. März 1938 auf dem Heldenplatz begeistert gefeiert.

Nach dem «Anschluß» Österreichs an das Deutsche Reich legt Göring im Mai 1938 in Linz den Grundstein zu einer nach ihm benannten Rüstungsfabrik.

von vier Wochen, vom Tage des Abschlusses dieses Abkommens an, alle Sudetendeutschen aus ihren militärischen und polizeilichen Verbänden entlassen, die diese Entlassung wünschen. Innerhalb derselben Frist wird die tschechoslowakische Regierung sudetendeutsche Gefangene entlassen, die wegen politischer Delikte Freiheitsstrafen verbüßen.

Aus der Weisung Hitlers zur «Erledigung der Rest-Tschechei»
(21. Oktober 1938)
Die künftigen Aufgaben der Wehrmacht und die sich daraus ergebenden Vorbereitungen für die Kriegsführung werde ich später in einer Weisung niederlegen. Bis zum Inkrafttreten dieser Weisung muß die Wehrmacht jederzeit auf folgende Fälle vorbereitet sein:
1. Sicherung der Grenzen des deutschen Reiches und Schutz gegen überraschende Luftangriffe,
2. Erledigung der Rest-Tschechei,
3. Inbesitznahme des Memellandes [...]
2.
Erledigung der Rest-Tschechei.
Es muß möglich sein, die Rest-Tschechei jederzeit zerschlagen zu können, wenn sie etwa eine deutsch-feindliche Politik betreiben würde.

Die hierfür von der Wehrmacht zu treffenden Vorbereitungen werden ihrem Umfange nach erheblich geringer sein, als s. Z. für «Grün»; sie müssen dafür aber, unter Verzicht auf planmäßige Mobilmachungsmaßnahmen, eine ständige und wesentlich höhere Bereitschaft gewährleisten. Organisation, Gliederung und Bereitschaftsgrad der dafür vorgesehenen Verbände sind schon im Frieden derart auf Überfall abzustellen, daß der Tschechei selbst jede Möglichkeit planmäßiger Gegenwehr genommen wird. Das Ziel ist die rasche Besetzung der Tschechei und die Abriegelung gegen die Slowakei.

Aus Berichten über eine Rede Hitlers vor Spitzen
der Wirtschaft, Partei und Wehrmacht (8. März 1939)
Das wahre Problem für das deutsche Volk wäre, sich der Quellen zu versichern, von denen die Rohmaterialien, so notwendig für seine Wohlfahrt, erlangt werden könnten. Außerdem, um diesen

Wehrmachtsoffiziere melden Hitler die Übernahme der tschechischen Verteidigungsanlagen an der Grenze zu Deutschland.

Zustand zu genießen, müssen die Feinde des deutschen Volkes radikal vernichtet werden: Juden, Demokratien und «internationale Mächte».

Solange diese Feinde irgendwo in der Welt noch die geringste Spur einer Macht besäßen, würden sie eine Bedrohung des Friedens des deutschen Volkes bleiben.

In diesem Zusammenhang werde die Lage in Prag unerträglich. Außerdem werde Prag benötigt als Ausgangsort für den Gewinn dieser Rohmaterialien. Infolgedessen wären Befehle gegeben worden, dahingehend, daß innerhalb etlicher Tage, nicht später als am 15. März, die Tschechoslowakei militärisch zu besetzen sei. Polen wird folgen. Wir brauchen nicht auf einen starken Widerstand von dieser Seite zu rechnen. Deutsche Herrschaft über Polen ist notwendig, um polnische Lieferung landwirtschaftlicher Produkte und Kohle für Deutschland zu sichern.

Was Ungarn und Rumänien anbetrifft, so gehören sie ohne Frage in das lebenswichtige Gebiet Deutschlands. Der Fall Polens sowie auch angemessener Druck wird sie unzweifelhaft dazu 63 bringen, klein beizugeben. Dann werden wir uneingeschränkte Kontrolle über ihre unermeßlichen landwirtschaftlichen Quellen und ihre Petroleum-Schätze haben. Dasselbe kann von Jugoslawien gesagt werden.

Dies ist der Plan, der bis 1940 vollbracht werden soll. Selbst dann wird Deutschland unbesiegbar sein. Deutschland wird in 1940 und 1941 ein für allemal mit seinem Erbfeinde Frankreich abrechnen. Dieses Land wird von der Karte Europas verschwinden. England ist ein altes Land, geschwächt durch Demokratie, Deutschland wird England leicht beherrschen und wird über Englands Reichtümer und Gebiete in der ganzen Welt verfügen; wenn Frankreich einmal besiegt ist.

Nachdem in dieser Weise der europäische Kontinent zum erstenmal im Sinne einer neuen Auffassung vereinigt ist, wird Deutschland das größte Unternehmen der Geschichte beginnen: Mit englischen und französischen Besitzungen in Amerika als Grundlage werden wir dann mit den «Dollar-Juden» der Vereinigten Staaten abrechnen. Wir werden diese jüdische Demokratie vernichten, und jüdisches Blut wird sich mit dem Dollar vermischen.

Aus der «Weisung für die einheitliche Kriegsvorbereitung der Wehrmacht für 1939/40» (11. April 1939)
II. «Fall Weiß»
Die gegenwärtige Haltung Polens erfordert es, über die bearbeitete «Grenzsicherung Ost» hinaus die militärischen Vorbereitungen zu treffen, um nötigenfalls jede Bedrohung von dieser Seite für alle Zukunft auszuschließen.
1.) Politische Voraussetzungen und Zielsetzung.
Das deutsche Verhältnis zu Polen bleibt weiterhin von dem Grundsatz bestimmt, Störungen zu vermeiden. Sollte Polen seine bisher auf dem gleichen Grundsatz beruhende Politik gegenüber Deutschland umstellen und eine das Reich bedrohende Haltung einnehmen, so kann ungeachtet des geltenden Vertrages eine endgültige Abrechnung erforderlich werden. Das Ziel ist dann, die polnische Wehrkraft zu zerschlagen und eine den Bedürfnissen der Landesverteidigung entsprechende Lage im Osten zu schaffen. Der Freistaat Danzig wird spätestens mit Beginn des Konfliktes als deutsches Reichsgebiet erklärt.

Mit Wut und Empörung reagiert die tschechische Bevölkerung auf den deutschen Einmarsch am 15. März 1939; in Prag werden die Soldaten beschimpft und angespuckt.

«Militärisch korrekt» erfolgt die Übergabe der Garnisonstadt Vysoké Myto (dt.: Hohenmauth) von dem tschechischen an den deutschen Kommandanten.

Die politische Führung sieht es als ihre Aufgabe an, Polen in diesem Fall womöglich zu isolieren, d. h. den Krieg auf Polen zu beschränken.

Eine zunehmend krisenhafte innere Entwicklung in Frankreich und eine daraus folgende Zurückhaltung Englands können eine derartige Lage in nicht zu ferner Zeit entstehen lassen [...]

3.) Aufgaben der Wehrmacht.

Die Aufgabe der Wehrmacht ist es, die polnische Wehrmacht zu vernichten. Hierzu ist ein überraschender Angriffsbeginn anzustreben und vorzubereiten. Die getarnte oder offene allgemeine Mobilmachung wird erst am Angriffsvortage zu dem spätestmöglichen Termin befohlen werden.

Aus einer Ansprache Hitlers vor den Oberbefehlshabern der Wehrmacht (22. August 1939)

Vernichtung Polens im Vordergrund. Ziel ist Beseitigung der lebendigen Kräfte, nicht die Erreichung einer bestimmten Linie. Auch wenn im Westen Krieg ausbricht, bleibt die Vernichtung Polens im Vordergrund. Mit Rücksicht auf Jahreszeit schnelle Entscheidung. Ich werde propagandistischen Anlaß zur Auslösung des Krieges geben, gleichgültig, ob glaubhaft. Der Sieger wird später nicht danach gefragt, ob er die Wahrheit gesagt hat oder nicht. Bei Beginn und Führung des Krieges kommt es nicht auf das Recht an, sondern auf den Sieg.

Herz verschließen gegen Mitleid. Brutales Vorgehen. 80 Mill. Menschen müssen ihr Recht bekommen. Ihre Existenz muß gesichert werden. Der Stärkere hat das Recht. Größte Härte. Schnelligkeit der Entscheidung notwendig. Festen Glauben an den deutschen Soldaten. Krisen sind nur auf Versagen der Nerven der Führer zurückzuführen.

Erste Forderung: Vordringen bis zur Weichsel und bis zum Narew. Unsere technische Überlegenheit wird die Nerven der Polen zerbrechen. Jede sich neu bildende lebendige polnische Kraft ist sofort wieder zu vernichten. Fortgesetzte Zermürbung [...]

Restlose Zertrümmerung Polens ist das militärische Ziel. Schnelligkeit ist die Hauptsache. Verfolgung bis zur völligen Vernichtung.

Mit den Salven des Marineschulschiffes «Schleswig-Holstein» gegen die auf der Landzunge Westerplatte bei Danzig stationierten 200 polnischen Soldaten beginnt am 1. September 1939, morgens 4.45 Uhr, der Krieg gegen Polen. Sein Ziel ist die «Erweiterung des Lebensraums im Osten und Sicherstellung der Ernährung» (Hitler).

In zwei Stoßkeilen dringt die Wehrmacht von Norden (Pommern und Ostpreußen) und von Süden (Schlesien) binnen weniger Tage bis zur Weichsel vor, Reichssendeleiter Hadamovsky prägt daraufhin den Ausdruck «Blitzkrieg».

**Aus Hitlers Weisung zur Kriegführung gegen Polen
(31. August 1939)**

1.) Nachdem alle politischen Möglichkeiten erschöpft sind, um auf friedlichem Wege eine für Deutschland unerträgliche Lage an seiner Ostgrenze zu beseitigen, habe ich mich zur gewaltsamen Lösung entschlossen.

2.) Der Angriff gegen Polen ist nach den für Fall Weiß getroffenen Vorbereitungen zu führen mit den Abänderungen, die sich beim Heer durch den inzwischen fast vollendeten Aufmarsch ergeben.

Aufgabenverteilung und Operationsziel bleiben unverändert.

Angriffstag 1. 9. 39

Angriffszeit 4.45

Diese Zeit gilt auch für die Unternehmungen Gdingen-Danziger Bucht und Brücke Dirschau.

3.) Im Westen kommt es darauf an, die Verantwortung für die Eröffnung von Feindseligkeiten eindeutig England und Frankreich zu überlassen [...]

Die deutsche Westgrenze ist zu Lande an keiner Stelle ohne meine ausdrückliche Genehmigung zu überschreiten.

Zur See gilt das gleiche für alle kriegerischen oder als solche zu deutenden Handlungen. Die defensiven Maßnahmen der Luftwaffe sind zunächst auf die unbedingte Abwehr feindlicher Luftangriffe an der Reichsgrenze zu beschränken, wobei so lange als möglich die Grenze der neutralen Staaten bei der Abwehr einzelner Flugzeuge und kleinerer Einheiten zu achten ist [...]

4.) Eröffnen England und Frankreich die Feindseligkeiten gegen Deutschland, so ist es Aufgabe der im Westen operierenden Teile der Wehrmacht, unter möglichster Schonung der Kräfte die Voraussetzungen für den siegreichen Abschluß der Operationen gegen Polen zu erhalten. Im Rahmen dieser Aufgabe sind die feindlichen Streitkräfte und deren wehrwirtschaftliche Kraftquellen nach Kräften zu schädigen [...]

Die Kriegsmarine führt Handelskrieg mit dem Schwerpunkt gegen England [...]

Die Luftwaffe hat in erster Linie den Einsatz der franz. und engl. Luftwaffe gegen das deutsche Heer und den deutschen Lebensraum zu verhindern.

Schon am 22. August 1939 hatte Hitler bei
einer Lagebesprechung auf dem Berghof von
der Wehrmacht verlangt: «Vernichtung Polens
im Vordergrund. Herz verschließen gegen Mitleid. Brutales Vorgehen.»

Als die Kämpfe am 6. Oktober 1939 beendet sind, versucht die deutsche Propaganda, die eigenen
Verluste klein zu reden. Offiziell gemeldet werden 10 572 Tote, 30 322 Verwundete und 3409 Ver-
mißte.

2. DER EINSATZ

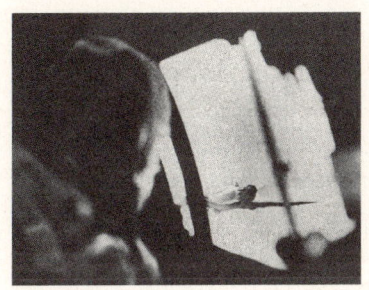

6. Juli 1940. Siegesparade der deutschen Wehrmacht in Berlin. Wohl niemals zuvor hatte es in der Reichshauptstadt eine derartige Begeisterung gegeben. Die Menschen waren trunken vor Freude. Viele, die bisher im stillen an Hitler und seinem Regime gezweifelt, es innerlich abgelehnt hatten, ließen sich mitreißen. Die meisten hofften, daß mit dem Sieg gegen Frankreich der Krieg beendet und endlich Frieden sein würde.

Der Stolz auf die heimkehrenden Truppen war groß. Sie hatten wider Erwarten in wenigen Wochen und mit geringen Verlusten die britisch-französische Allianz besiegt, halb Europa erobert. Diese jungen Soldaten hatten schier Unglaubliches geschafft – etwas, woran ihre Väter zwanzig Jahre zuvor im Ersten Weltkrieg, einem langen, blutigen Stellungskrieg, gescheitert waren. Die älteren Offiziere und die Generalität, die einst dem Kaiser gedient hatten und besiegt worden waren, mochten den Augenblick als Genugtuung empfinden. Die Schmach von 1918 war getilgt. Die Mehrheit der Soldaten – junge Männer, im «Dritten Reich» aufgewachsen – war stolz darauf, die Erwartungen des «Führers» erfüllt zu haben.

Dabei waren die Sorgen und Zweifel in der Heeresführung vor Beginn des Krieges enorm gewesen – bis hin zum Gedanken an Widerstand. Erst fünf Jahre zuvor war die allgemeine Wehrpflicht wieder eingeführt worden. Die Armee hatte ihren Umfang auf das Sechzigfache vergrößert: von ursprünglich 100 000 Mann auf fast sechs Millionen im Juni 1940. Hitler hatte alle Bedenken über Mängel in der Ausrüstung und Ausbildung beiseite geschoben. Er wollte nicht länger abwarten; er wollte den Krieg unbedingt und möglichst rasch. Er wollte für Deutschland den Rang einer Weltmacht erkämpfen, «Lebensraum» für die germanische Herrenrasse erobern. Nach dem Triumph über Frankreich ließ sich Hitler fortan als «größter Feldherr aller Zeiten» feiern. Es war die Geburtsstunde der Hitlerschen Wehrmacht, die von nun an bedingungslos ihrem Oberbefehlshaber folgte – von Schlacht zu Schlacht, über Verbrechen und Niederlagen hinweg bis in die Katastrophe von 1945.

Die erfolgreichen Blitzfeldzüge der ersten Kriegsjahre täuschten darüber hinweg, daß die Wehrmacht für den Zweiten Weltkrieg keineswegs ausreichend gerüstet war. Polen, im September 1939 innerhalb von vier Wochen niedergeworfen, war mit seiner schwachen und schlechtbewaffneten Armee ein Gegner ohne die geringsten Chancen gewesen. Die Blitzaktion gegen Skandinavien im Frühjahr 1940 war auf unerwartet starken norwegischen und alliierten Widerstand gestoßen, der die Wehrmachtsverbände in eine fast aussichtslose Lage gebracht hatte. Nur der Beginn der deutschen Großoffensive im Westen, der die anglo-französischen Alliierten veranlaßte, die strategisch entscheidende Küstenstadt Narvik überraschend zu räumen und ihre dortigen Truppen nach Frankreich abzuziehen, verhinderte die militärische Katastrophe. Auch der nachfolgende Griechenlandfeldzug hing am «seidenen Faden».

Für die meisten Soldaten gab es nur wenige Augenblicke des heißen Fronteinsatzes. Für viele bestand der Krieg in ewigem Warten – in der Etappe, im besetzten Gebiet, über das die Front hinweggegangen war, in der Reserve, in der Heimat. Aber die Konfrontation mit der Gefahr, die Angst vor Verwundung und Tod waren allgegenwärtig. Hinzu kam eine mit Fortgang des Krieges wachsende Ambivalenz der Gefühle: einerseits der Wille, die eigene Existenz, die Heimat, das Vaterland gegen einen von der Propaganda verzerrten Gegner zu verteidigen, andererseits die zunehmende Ahnung, einem diabolischen Regime zu dienen und in verhängnisvolle Geschehnisse verstrickt zu werden.

«Lebensraum im Osten» - das war das zentrale Ziel Hitlerscher Politik und Ideologie. Am 22. Juni 1941 war es soweit. Noch einmal konzentrierte Hitler mehr als drei Millionen Mann, dazu 600000 Verbündete, um im Osten die blutigste und größte Schlacht zu schlagen. Als Gegner wurde die Rote Armee nicht ernstgenommen. Sie sollte nach dem Rezept des Blitzkrieges, das aus den Erfahrungen des Frankreichfeldzuges entwickelt worden war, durch schnelle Panzerkeile aufgespalten und eingekesselt werden. Hier setzte man die bestausgebildeten und erfahrenen Divisionen ein. Die Masse der Infanterie-Armeen, mit größtenteils neuaufgestellten, wenig ausgebildeten und schwachbewaffneten Einheiten, sollte die Eingekesselten vernichten und sich im Fußmarsch nach Osten vorkämpfen. Durch einen Überfall sollte die Rote Luftflotte bereits in den ersten Stunden am Boden zerstört werden. Görings Stukas bahnten den Panzern den Weg und sollten den Rückzug der Russen verhindern.

Die Kräfte der Wehrmacht waren berechnet für die ersten 500 Kilometer. Im Oberkommando des Heeres vertraute man darauf, daß es nach vier Wochen keinen organisierten Widerstand mehr geben würde und die deutschen Soldaten mit der Eisenbahn bis an die Operationslinie Astrachan–Archangelsk vorstoßen könnten. Die Masse der Soldaten sollte dann in die Heimat zurückkehren und den Krieg gegen die Angelsachsen um die Weltherrschaft vorbereiten.

Um mit einer kleinen Besatzungstruppe den riesigen Raum beherrschen zu können, sollten die Männer mit brutalster Gewalt gegen jeden Widerstand vorgehen. Zum ersten Mal wurden Soldaten mit verbrecherischen Befehlen zum Töten auch von Zivilisten angehalten, wurden Einsatzgruppen bei ihrem Massenmord an der jüdischen Bevölkerung unterstützt.

Die überraschte Rote Armee, mit ihren fünf Millionen Mann personell und materiell weit überlegen, wurde rasch eingekesselt, Hunderttausende gerieten in Gefangenschaft. Die Wehrmacht kümmerte sich kaum um sie, die Panzer stießen weiter nach Osten vor, hinter sich den vermeintlichen Ballast des Krieges, eine entsetzliche Spur von Zerstörung, Hunger und Mord. Die drei Heeresgruppen erreichten in der ersten Etappe ihre Ziele. Aber um welchen Preis: In den ersten vier Wochen übertrafen die Verluste die Gesamtzahl während des Frankreichfeldzuges; Mitte August 1941 lag die Kampfkraft bei der Infanterie nur noch bei 60 Prozent. Wöchentlich verlor das Ostheer fast 40000 Mann. Und anders als in Frankreich gab es bald keine Reserven mehr, der Nachschub wurde ständig geringer.

Der deutsche Vormarsch wurde langsamer, die sowjetischen Gegenangriffe heftiger. Klima und Landschaft forderten ihren Tribut. Die Soldaten waren erschöpft, Fahrzeuge und Material verschlissen. Der Einsatz, das Rollen der deutschen Kriegsmaschine war zum Stillstand gekommen.

Dokumente 1939–1941

Aus den Richtlinien Hitlers zum Krieg im Westen
(9. Oktober 1939)
Das deutsche Kriegsziel hat [...] in der endgültigen militärischen
Erledigung des Westens zu bestehen, d.h. in der Vernichtung
der Kraft und Fähigkeit der Westmächte, noch einmal der staat-
lichen Konsolidierung und Weiterentwicklung des deutschen
Volkes in Europa entgegentreten zu können. Diese innere Zielsetzung muß allerdings der Welt gegenüber die von Fall zu Fall psychologisch bedingten propagandistischen Korrekturen erfahren.
Am Kriegsziel selbst aber ändert dies nichts. Es ist und bleibt die
Vernichtung unserer westlichen Gegner [...]

Die Erfolge des polnischen Feldzuges haben zunächst die seit
vielen Jahrzehnten ohne Ansicht auf Verwirklichung ersehnte

Dieses MG-Nest bei Narvik in Nordnorwegen dient der militärischen Sicherung der dortigen
Eisenerzlagerstätten für die deutsche Rüstungsindustrie.

Tatsache der Möglichkeit eines Ein-Frontenkrieges geschaffen, das heißt: Deutschland kann unter Belassung geringfügiger Deckungstruppen im Osten mit seiner gesamten Kraft zur Auseinandersetzung im Westen antreten.

Aus einer Geheimrede Hitlers vor den Oberbefehlshabern (23. November 1939)

Ein Jahr später kam Österreich [...] Der nächste Schritt war Böhmen, Mähren und Polen. Aber dieser Schritt war nicht in einem Zuge zu tun. Zunächst mußte im Westen der Westwall fertiggestellt werden [...] Vom ersten Augenblick an war mir klar, daß ich mich nicht mit dem sudetendeutschen Gebiet begnügen könnte. Es war nur eine Teil-Lösung. Der Entschluß zum Einmarsch in Böhmen war gefaßt. Dann kam die Errichtung des Protektorats, und damit war die Grundlage für die Eroberung Polens gelegt, aber ich war mir zu dem Zeitpunkt noch nicht im klaren, ob ich erst gegen den Osten und dann gegen den Westen oder umgekehrt vorgehen sollte [...] Es ist ein ewiges Problem, die Zahl der Deutschen in Verhältnis zu bringen zum Boden. Sicherung des notwendigen Raumes. Keine geklügelte Gescheitheit hilft hier, Lösung mit dem Schwert [...]

Die Kämpfe sind anders geworden als vor 100 Jahren [...] Heute kämpfen wir um Ölfelder, Gummi, Erdschätze usw. [...]

Grundsätzlich habe ich die Wehrmacht nicht aufgestellt, um nicht zu schlagen. Der Entschluß zum Schlagen war immer in mir. Früher oder später wollte ich das Problem lösen. Zwangsläufig wurde entschieden, daß der Osten zunächst zum Ausfall gebracht wurde. Wenn der Polenkrieg so schnell gelang, so lag es an der Überlegenheit unserer Wehrmacht [...] Rußland ist z. Zt. ungefährlich. Es ist heute geschwächt durch viele innere Vorgänge. Außerdem haben wir den Vertrag mit Rußland. Verträge werden aber nur so lange gehalten, wie sie zweckmäßig sind [...] Wir können Rußland nur entgegentreten, wenn wir im Westen frei sind [...]

Mein Entschluß ist unabänderlich. Ich werde Frankreich und England angreifen zum günstigsten und schnellsten Zeitpunkt. Verletzung der Neutralität Belgiens und Hollands ist bedeutungslos. Kein Mensch fragt danach, wenn wir gesiegt haben.

Das gleichzeitig mit dem Überfall auf Dänemark beginnende Unternehmen «Weserübung» gegen Norwegen verläuft nicht nach Plan, die Kampfhandlungen in den unwegsamen Bergregionen dauern über zwei Monate an.

Aus der Weisung des Oberkommandos der Wehrmacht zum Überfall auf Dänemark und Norwegen (1. März 1940)
1. Die Entwicklung der Lage in Skandinavien erfordert es, alle Vorbereitungen dafür zu treffen, um mit Teilkräften der Wehrmacht Dänemark und Norwegen zu besetzen («Fall Weserübung»). Hierdurch soll englischen Übergriffen nach Skandinavien und der Ostsee vorgebeugt, unsere Erzbasis in Schweden gesichert und für Kriegsmarine und Luftwaffe die Ausgangsstellung gegen England erweitert werden.

Kriegsmarine und Luftwaffe fallen im Rahmen der gegebenen Möglichkeiten die Sicherung des Unternehmens gegen das Eingreifen englischer See- und Luftstreitkräfte zu. Die für «Fall Weserübung» einzusetzenden Kräfte werden im Hinblick auf unsere militärpolitische Stärke gegenüber den nordischen Staaten so schwach als möglich gehalten. Ihre zahlenmäßige Schwäche muß durch kühnes Handeln und überraschende Durchführung ausgeglichen werden.

Grundsätzlich ist anzustreben, der Unternehmung den Charakter einer friedlichen Besetzung zu geben, die den bewaffneten Sturz der Neutralität der nordischen Staaten zum Ziel hat. Entsprechende Forderungen werden mit Beginn der Besetzung den Regierungen übermittelt werden. Flotten- und Luftdemonstrationen werden erforderlichenfalls den nötigen Nachdruck geben. Trotzdem auftretender Widerstand ist unter Einsatz aller militärischen Mittel zu brechen [...]

3. Grenzübertritt gegen Dänemark und Landung in Norwegen haben gleichzeitig zu erfolgen [...] Von größter Bedeutung ist, daß unsere Maßnahmen die nordischen Staaten wie die Westgegner überraschend treffen.

Aus einer Denkschrift des Chefs des Wehrmachtsführungsamtes, Alfred Jodl (30. Juni 1940)
Wenn politische Mittel nicht zum Ziel führen, muß der Widerstandswille Englands mit Gewalt gebrochen werden:
a) durch den Kampf gegen das englische Mutterland,
b) durch die Ausweitung des Krieges an der Peripherie.
Zu a) gibt es 3 Möglichkeiten:
1.) die Belagerung:
Sie umfaßt den Kampf zur See und aus der Luft gegen jede Ein- und Ausfuhr, den Kampf gegen die englische Luftwaffe und alle wehrwirtschaftlichen Kraftquellen des Landes,
2.) den Terrorangriff gegen die englischen Bevölkerungszentren,
3.) die Landung mit dem Ziel, England zu besetzen.

Der deutsche Endsieg auch über England ist nur mehr eine Frage der Zeit. Feindliche Angriffsoperationen größeren Stils sind nicht mehr möglich. Deutschland kann also ein Kampfverfahren wählen, das die eigenen Kräfte schont und Risiken vermeidet [...]

Dieses erste und wichtigste Ziel der Kampfführung gegen England wird gleichzeitig ergänzt durch den Kampf gegen die englischen Vorratslager sowie die Ein- und Ausfuhr auf See und in den Häfen.

Verbunden mit Propaganda und zeitweiligen Terrorangriffen –

Am 10. Mai 1940 eröffnet die Wehrmacht mit dem Einmarsch in die neutralen Beneluxstaaten die Westfront. Bombenabwürfe der deutschen Luftwaffe auf Freiburg/Breisgau schaffen den Vorwand für den kommenden Luftkrieg. Am 14. Mai wird Rotterdam bombardiert.

als Vergeltung erklärt –, wird diese zunehmende Schwächung der englischen Ernährungsbasis den Widerstandswillen des Volkes lähmen und endlich brechen und damit seine Regierung zur Kapitulation zwingen. Eine Landung in England kann erst ins Auge gefaßt werden, wenn die Luftherrschaft durch die deutsche Luftwaffe erkämpft ist.

Aus dem Tagebuch Franz Halders, Generalstabschef des Heeres, über Ausführungen Hitlers (31. Juli 1940)
Englands Hoffnung ist Rußland und Amerika. Wenn Hoffnung auf Rußland wegfällt, fällt auch Amerika weg, weil Wegfall Rußlands eine Aufwertung Japans in Ostasien in ungeheurem Maß folgt. Rußland ostasiatischer Degen Englands und Amerikas gegen Japan. Hier für England unangenehmer Wind. Japaner haben ihr Programm wie Rußland, das vor Kriegsende noch erledigt werden soll [...]

79

Ist aber Rußland zerschlagen, dann ist Englands letzte Hoffnung getilgt. Der Herr Europas und des Balkans ist dann Deutschland.

Entschluß: Im Zuge dieser Auseinandersetzung muß Rußland erledigt werden. Frühjahr 1941. Je schneller wir Rußland zerschlagen, um so besser. Operation hat nur Sinn, wenn wir Staat in einem Zug schwer zerschlagen. Gewisser Raumgewinn allein genügt nicht. Stillstehen im Winter bedenklich.

Daher besser warten, aber bestimmter Entschluß, Rußland zu erledigen. Notwendig auch wegen Lage an der Ostsee. 2. Großstaat an Ostsee nicht brauchbar.

Mai 1941. 5 Monate Zeit zur Durchführung. Am liebsten noch in diesem Jahre. Geht aber nicht, um Operation einheitlich durchzuführen.

Ziel: Vernichtung der Lebenskraft Rußlands. Zerlegen in:

1. Stoß Kiew. Anlehnung an Dnepr. Luftwaffe zerstört Übergänge Odessa.

2. Stoß Randstaaten mit Richtung Moskau.

Schließlich Zusammenfassung aus Norden und Süden.

Später Teiloperation auf Ölgebiet Baku.

Inwieweit man Finnland und Türkei interessiert, wird man sehen.

Später: Ukraine, Weißrußland, Baltische Staaten an uns. Finnland bis ans Weiße Meer. 7 Div. Norwegen (autark machen!), Munition,

50 Div. Frankreich,

3 Div. Holland, Belgien.

Mit je mehr Verbänden wir kommen, um so besser.

Aus der Weisung des Oberkommandos der Wehrmacht zum verschärften Luftkrieg gegen England (1. August 1940)

1. Die deutsche Fliegertruppe hat mit allen zur Verfügung stehenden Kräften die englische Luftwaffe möglichst bald niederzukämpfen. Die Angriffe haben sich in erster Linie gegen die fliegenden Einheiten, ihre Bodenorganisation und Nachschubeinrichtungen, ferner gegen die Luftrüstungsindustrie einschließlich der Industrie zur Herstellung von Flakgerät zu richten.

2. Nach Erringung einer zeitlichen oder örtlichen Luftüberlegenheit ist der Luftkrieg gegen die Häfen, hierbei insbesondere ge-

Starke deutsche Panzerverbände überwinden die als unpassierbar geltenden belgischen Ardennen und erreichen am 20. Mai 1940 die französische Atlantikküste nahe der Somme-Mündung.

Am 5. Juni 1940 beginnen die Kriegshandlungen nach dem «Fall Rot» gegen Frankreich; zehn Tage später kapituliert die Festung Verdun vor den von Norden anrückenden deutschen Truppen.

gen die Einrichtungen der Lebensmittelbevorratung, und ferner gegen die Einrichtungen der Lebensmittelbevorratung im Inneren des Landes weiterzuführen.

Aus der Weisung Hitlers zur Vorbereitung des Unternehmens «Barbarossa» (18. Dezember 1940)

Die deutsche Wehrmacht muß darauf vorbereitet sein, auch vor Beendigung des Krieges gegen England Sowjetrußland in einem schnellen Feldzug niederzuwerfen (Fall Barbarossa) [...]
Den Aufmarsch gegen Sowjetrußland werde ich gegebenenfalls acht Wochen vor dem beabsichtigten Operationsbeginn befehlen. Vorbereitungen, die eine längere Anlaufzeit benötigen, sind – soweit noch nicht geschehen – schon jetzt in Angriff zu nehmen und bis zum 15. 5. 41 abzuschließen. Entscheidender Wert ist jedoch darauf zu legen, daß die Absicht eines Angriffes nicht erkennbar wird.
Die Vorbereitungen des Oberkommandos sind auf folgender Grundlage zu treffen:
1. Allgemeine Absicht:
Die im westlichen Rußland stehende Masse des russischen Heeres soll in kühnen Operationen unter weitem Vortreiben von Panzerkeilen vernichtet, der Abzug kampfkräftiger Teile in die Weite des russischen Raumes verhindert werden. In rascher Verfolgung ist dann eine Linie zu erreichen, aus der die russische Luftwaffe reichsdeutsches Gebiet nicht mehr angreifen kann. Das Endziel der Operation ist die Abschirmung gegen das asiatische Rußland aus der allgemeinen Linie Wolga–Archangelsk. So kann erforderlichenfalls das letzte Rußland verbleibende Industriegebiet am Ural durch die Luftwaffe ausgeschaltet werden [...]
II. Voraussichtliche Verbündete und deren Aufgaben:
1. Auf den Flügeln unserer Operationen ist mit der aktiven Teilnahme Rumäniens und Finnlands am Kriege gegen Sowjetrußland zu rechnen [...]
4. Mit der Möglichkeit, daß schwedische Bahnen und Straßen für den Aufmarsch der deutschen Nordgruppe spätestens von Operationsbeginn an zur Verfügung stehen, kann gerechnet werden.

Im Verlauf der Juni-Offensive 1940 erobern die deutschen Verbände auf dem Vormarsch nach Paris die Stadt Rouen am Unterlauf der Seine.

Aus dem Kriegstagebuch des Oberkommandos der Wehrmacht über geheime Ausführungen Hitlers (9. Januar 1941)

Bisher habe er immer nach dem Prinzip gehandelt, immer die wichtigsten feindlichen Positionen zu zerschlagen, um einen Schritt weiterzukommen. Daher müsse nunmehr Rußland zerschlagen werden. Entweder gäben die Engländer dann nach, oder Deutschland würde den Kampf gegen England unter günstigsten Umständen weiterführen. Die Zertrümmerung Rußlands würde es auch Japan ermöglichen, sich mit allen Kräften gegen die USA zu wenden. Das würde die letzteren vom Kriegseintritt abhalten.

Für die Zerschlagung Rußlands sei die Zeitfrage besonders wichtig. Die russische Wehrmacht sei zwar ein tönerner Koloß ohne Kopf, ihre künftige Entwicklung aber nicht sicher vorauszusagen. Da Rußland auf jeden Fall geschlagen werden müsse, so sei es besser, es jetzt zu tun, wo die russische Wehrmacht über keine Führer verfüge und schlecht gerüstet sei und wo die Russen in ihrer mit fremder Hilfe entwickelten Rüstungsindustrie große Schwierigkeiten zu überwinden hätten [...]

Die Zertrümmerung Rußlands werde für Deutschland eine große Entlastung bedeuten. Im Osten brauchen dann nur 40−50 Div. zu bleiben, das Heer könne verkleinert und die gesamte Rüstungsindustrie für die Luftwaffe und Kriegsmarine eingesetzt werden. Alsdann müsse man einen voll ausreichenden Flakschutz aufbauen und die wichtigste Industrie in die ungefährdeten Gebiete verlegen. Deutschland würde dann unangreifbar sein. Der russische Riesenraum berge unermeßliche Reichtümer. Deutschland müsse ihn wirtschaftlich und politisch beherrschen, jedoch nicht angliedern. Damit verfüge es über alle Möglichkeiten, in Zukunft auch den Kampf gegen Kontinente zu führen, es könne dann von niemand mehr geschlagen werden. Wenn diese Operation durchgeführt würde, werde Europa den Atem anhalten.

Aus den «Richtlinien für die Kriegsführung gegen die englische Wehrwirtschaft» (6. Februar 1941)

Im Laufe der nächsten Monate wird sich die Wirkung der Seekriegsführung gegen die feindlichen Handelsschiffe durch den vermehrten Einsatz von Unterseeboden und Überwasserstreitkräften voraussichtlich noch erhöhen. Dagegen läßt sich der Umfang unserer Angriffe zur Luft nicht aufrechterhalten, da die

Nach dem «Sieg im Westen» werden die heimkehrenden Truppenteile, wie hier in Berlin, von der großen Mehrheit der deutschen Bevölkerung bejubelt; Generalfeldmarschall Keitel nennt Hitler den «größten Feldherrn aller Zeiten».

Aufgaben auf anderen Kriegsschauplätzen dazu zwingen, immer stärkere Teile der Luftwaffe aus dem Einsatz gegen die britischen Inseln herauszulösen.

Deshalb wird es erforderlich, die Luftangriffe in Zukunft noch schärfer zusammenzufassen und vorwiegend gegen solche Ziele zu richten, deren Zerstörung sich in derselben Richtung auswirkt wie der Seekrieg [...] Die Versenkung von Handelsschiffen ist wichtiger als die Bekämpfung feindlicher Kriegsschiffe [...]

Bis zum Beginn der Umgruppierung für Barbarossa ist anzustreben, die Wirkung der Luft- und Seekriegsführung in zunehmenden Maße zu steigern, nicht nur, um England möglichst großen Schaden zuzufügen, sondern auch, um den Anschein eines in diesem Jahr bevorstehenden Angriffs gegen die britischen Inseln vorzutäuschen.

Aus dem Protokoll einer Besprechung Hitlers mit führenden Militärs und Politikern über den geplanten Angriff auf Jugoslawien und Griechenland (27. März 1941)

Führer ist entschlossen, ohne mögliche Loyalitätserklärungen der neuen Regierung abzuwarten, alle Vorbereitungen zu treffen, um Jugoslawien militärisch und als Staatsgebilde zu zerschlagen. Außenpolitisch werden keine Anfragen oder Ultimaten gestellt werden. Zusicherungen der jug. Regierung, denen für die Zukunft doch nicht zu trauen ist, werden zur Kenntnis genommen. Angriff wird beginnen, sobald die hierfür geeigneten Mittel und Truppen bereitstehen [...]

Politisch ist es besonders wichtig, daß der Schlag gegen Jugoslawien mit unerbittlicher Härte geführt wird und die militärische Zerschlagung in einem Blitzunternehmen durchgeführt wird. Hierdurch dürfte die Türkei in genügendem Maße abgeschreckt werden und der spätere Feldzug gegen Griechenland in günstigem Sinne beeinflußt werden. Es ist damit zu rechnen, daß bei unserem Angriff sich die Kroaten auf unsere Seite stellen werden. Eine entspr. politische Behandlung (spätere Autonomie) wird ihnen sichergestellt werden. Der Krieg gegen Jugoslawien dürfte in Italien, Ungarn und Bulgarien sehr populär sein, da für diese Staaten territoriale Erwerbungen in Aussicht zu stellen sind, für Italien die Adriaküste, Ungarn Banat, Bulgarien Mazedonien.

Dieser Plan setzt voraus, daß wir alle Vorbereitungen zeitlich beschleunigt treffen und so starke Kräfte ansetzen, daß der jug. Zusammenbruch in kürzester Frist erfolgt.

In diesem Zusammenhang muß der Beginn der Barbarossaunternehmung bis zu 4 Wochen verschoben werden.

Aus Festlegungen im Oberkommando der Wehrmacht zum Überfall auf die Sowjetunion (30. April 1941)

1. Zeitplan Barbarossa:

Der Führer hat entschieden:

Beginn Barbarossa 22. Juni, ab 23. Mai Höchstleistungsgefahrplan.

Zu Beginn der Operationen sind OKH-Reserven in den vorgesehenen Räumen noch nicht eingetroffen.

2. Stärkeverhältnis im Fall Barbarossa:

Abschnitt Nord: deutsche und russische Kräfte etwa gleich

Zu den spektakulärsten Unternehmungen am Beginn des uneingeschränkten U-Boot-Krieges gegen England gehört die Torpedierung des Schlachtschiffes «Royal Oak» und des Kreuzers «Repulse» in der Bucht von Scapa Flow am 14. Oktober 1939 durch eine deutsche U-Boot-Besatzung unter dem Kommando von Kapitänleutnant Günther Prien.

Abschnitt Mitte: starke deutsche Überlegenheit
Abschnitt Süd: russische Überlegenheit
3. Russischer Aufmarsch:
Weiterhin starke Truppenverlegungen an die deutsch-russische Grenze.
4. Beurteilung des Ablaufs Barbarossa durch Ob. d. H.:
Voraussichtlich heftige Grenzschlachten, Dauer bis zu 4 Wochen. Im weiteren Verlauf wird dann aber nur noch mit geringerem Widerstand zu rechnen sein.
Beurteilung der russischen Soldaten: Der Russe wird sich dort, wo er hingestellt wird, bis zum letzten schlagen.

Aus einem Schreiben des Oberkommandos des Heeres an das Afrika-Korps (28. Juni 1941)
1.) Bei Verhandlungen mit dem Oberkommando der italienischen Wehrmacht ist die Möglichkeit einer gemeinsamen deutsch-italienischen Offensive gegen Ägypten besprochen worden, die nach Abschluß der heißen Jahreszeit im Herbst 1941 durchzuführen wäre.

2.) Ziel dieser Operation wäre die Inbesitznahme Nordägyptens beiderseits des Nil einschließlich Kairo und das Vertreiben der Engländer aus dem Gebiet des Suez-Kanals.

3.) Gleichzeitig mit dieser von Westen her gegen Ägypten anzusetzenden Operation ist ein Vorgehen deutscher Kräfte gegen den Suez-Kanal aus nordostwärtiger Richtung durch die Türkei, Syrien und Palästina beabsichtigt. Es ist damit zu rechnen, daß hierdurch stärkere Teile der britischen Gesamtkräfte gebunden werden.

Aus einer Weisung des Oberkommandos der Wehrmacht über strategische Maßnahmen an der Ostfront (19. Juli 1941)

Ziel der nächsten Operationen muß es sein, weitere starke Teile des Feindes am Ausweichen in die Weite des russischen Raumes zu verhindern und sie zu vernichten.

Hierzu sind die Vorbereitungen in folgender Richtung einzuleiten:

a) Südostfront:

Das wichtigste Ziel ist, die feindliche 12. und 6. Armee durch konzentrischen Angriff noch westlich des Dnjepr zu vernichten. Den rumänischen Hauptkräften wird der Schutz dieser Operation im Süden zufallen. Auch die feindliche 5. Armee wird am ehesten durch Zusammenwirken von Kräften des Südflügels der Heeresgruppe Mitte und des Nordflügels der Heeresgruppe Süd vernichtend geschlagen werden können.

Neben Eindrehen von Infanterie-Divisionen der Heeresgruppe Mitte nach Süden werden auch weitere [...] Kräfte nach Erledigung ihrer jetzigen Aufgabe und Sicherung ihrer Versorgung sowie Abschirmung Richtung Moskau in südostwärtiger Richtung anzusetzen sein, um dem auf das jenseitige Dnjepr-Ufer übergetretenen Feind das Entkommen in die Weite des russischen Raumes abzuschneiden und ihn zu vernichten.

b) Mitte der Ostfront:

Nach der Beseitigung der zahlreichen umschlossenen feindlichen Kampfgruppen und Sicherung der Versorgung wird der Heeresgruppe Mitte die Aufgabe zufallen, unter Fortsetzung des Vormarsches auf Moskau [...] die Verbindungslinie Moskau–Leningrad zu durchschneiden und damit den Vorstoß der Heeresgruppe
88 Nord auf Leningrad in der rechten Flanke zu decken.

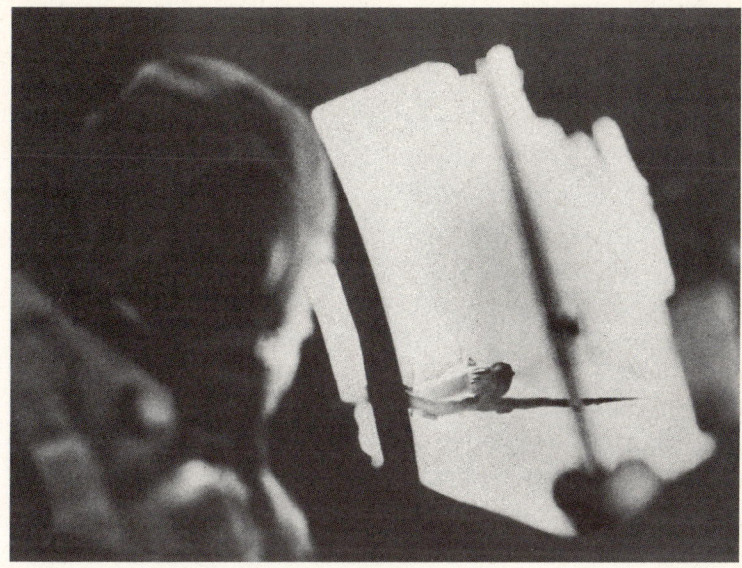

Im Juni 1940 erklärt General Jodl: «Eine Landung in England kann erst ins Auge gefaßt werden, wenn die Luftherrschaft durch die deutsche Luftwaffe erkämpft ist.» Doch die Royal Air Force, hier ein Jäger Spitfire beim Angriff auf einen deutschen He-111-Bomber, erweist sich als überlegen.

Die Invasion muß aufgeschoben werden, aber Hitler will die britischen Städte «ausradieren». Am 14./15. November 1940 greifen 500 deutsche Bomber in mehreren Wellen die Stadt Coventry an.

Aus Aufzeichnungen Halders über die Unterschätzung der Roten Armee (11. August 1941)

In der gesamten Lage hebt sich immer deutlicher ab, daß der Koloß Rußland, der sich bewußt auf den Krieg vorbereitet hat, mit der ganzen Hemmungslosigkeit, die totalitären Staaten eigen ist, von uns unterschätzt worden ist. Diese Feststellung bezieht sich ebenso auf die organisatorischen wie auf die wirtschaftlichen Kräfte, auf das Verkehrswesen, vor allem aber auf rein militärische Leistungsfähigkeit. Wir haben bei Kriegsbeginn mit etwa 200 feindlichen Div. gerechnet. Jetzt zählen wir bereits 360. Diese Div. sind sicherlich nicht in unserem Sinne bewaffnet und ausgerüstet, sie sind taktisch vielfach ungenügend geführt. Aber sie sind da. Und wenn ein Dutzend davon zerschlagen wird, dann stellt der Russe ein neues Dutzend hin. Die Zeit dazu gewinnt er dadurch, daß er nah an seinen Kraftquellen sitzt, wir immer weiter von ihnen abrücken.

Aus einer Rede Hitlers zum vermeintlichen Sieg über die Sowjetunion (3. Oktober 1941)

Bis zum heutigen Tag ist jede Aktion genau so planmäßig verlaufen wie einst im Osten gegen Polen, dann gegen Norwegen und endlich gegen den Westen und auf dem Balkan. Und noch eins muß ich hier feststellen: Wir haben uns weder in der Richtigkeit der Pläne getäuscht noch in der Tüchtigkeit, in der einmaligen geschichtlichen Tapferkeit des deutschen Soldaten. Wir haben uns schließlich auch nicht getäuscht über die Güte unserer Waffen! Wir haben uns nicht getäuscht über das reibungslose Funktionieren unserer ganzen Organisation der Front, über die Beherrschung der gigantischen hinteren Räume und auch nicht getäuscht über die deutsche Heimat [...]

Ich spreche das erst heute aus, weil ich es heute sagen darf, daß dieser Gegner bereits gebrochen ist und sich nie mehr erheben wird!

Am 6. April 1941 dringt die Wehrmacht von Österreich aus in den slowenischen Teil
Jugoslawiens ein. Die regulären jugoslawischen Streitkräfte kapitulieren bereits am
17. April 1941, in der Folgezeit kommt es jedoch zu einem erbittert geführten Partisanenkrieg.

Zeitzeugen

Fritz Schliephock, Major in der 7. Panzerdivision:
Im Gegensatz zu dem, was wir von 1914 gehört hatten, daß also
eine ganze Nation aufgebrochen war usw., war 1939 weder bei
der Bevölkerung noch bei den Militärs von Kriegsbegeisterung
kaum etwas zu spüren. Ich entsinne mich noch sehr genau, wie
uns unser Regimentskommandeur auf dem Truppenübungsplatz
abends zusammenrief und mitteilte: «Meine Herren, es wird
Krieg geben.» Das war eine sehr ernste Ansprache, und keiner
von uns ist aufgesprungen und hat gesagt: «Hurra, es gibt Krieg;
wir werden Europa erobern!» Im Gegenteil, es entstand eine sehr
bedrückte Stimmung. Meine Generation hatte zwar den Ersten
Weltkrieg nicht erlebt, aber wir hatten sehr viel über ihn gelesen
und wußten so ungefähr, was Krieg bedeutet.

Mein Bruder ist gleich am Anfang des Frankreichfeldzuges gefallen. Bis dahin war der Krieg für mich nur eine organisatorische
Vorbereitung mit einem kleinen Schuß Abenteuer. Jetzt wurde
mir klar, was Krieg wirklich bedeutet; ich war sehr erschüttert.

Wie hält man die ungeheure Anspannung im Einsatz, wie hält
man das über viele Jahre hin aus? Das Schlimmste ist, wenn man
auf einen Einsatz wartet. Man weiß nicht, wie und woher der
Gegner kommt. Kommt er mit Panzern? Kommt er von vorn,
von links? Ich habe immer große Angst gehabt. In der ersten Zeit
habe ich gebetet, aber bald wußte ich gar nicht mehr, worum ich
eigentlich bitten sollte. «Dein Wille geschehe», das wurde mein
letztes Wort vor einem Angriff oder beim Warten auf einen Angriff. Es kam dann aber immer ein Punkt der totalen Leere, der
Nullpunkt. Man schaltete auf Null. In der Phase vor dem Einsatz
gab es Leute, die haben wie verrückt gefressen, nicht weil sie vor
dem Sterben noch einmal gut essen wollten, sondern aus Nervosität. Und es gab Leute, die haben keinen Bissen, keinen Schluck
mehr heruntergekriegt. Andere haben Kette geraucht. Und dann

Nach der Kapitulation Griechenlands am 21. April 1941 posiert Feldmarschall von Brauchitsch (Mitte) mit seinem Stab vor der Akropolis von Athen.

kommt der Punkt, wo der Soldat sich fast gottergeben sagt: Scheiße, das muß wohl so sein, es geht nicht anders.

Norbert Adrian, Oberkanonier:
Ich hatte keine Motivation für den Krieg; ich war vollständig orientierungslos, eine Mischung aus Angst, Hunger und pubertären Sehnsüchten. Der Krieg hat mich mitten in meiner Entwicklung buchstäblich am Boden zerstört. Man macht sich ja keine Vorstellung davon, wie so ein Krieg abläuft. Ein Zehntel ist im Einsatz, neun Zehntel lungern herum, Hunderte, Tausende sind auf Dienstfahrt, Hunderttausende sind unterwegs, werden verlegt, liegen irgendwo und warten auf den Einsatzbefehl.

Ich hatte mir von zu Hause ein Tischtuch mitgenommen, eine Vase, ein eingerahmtes Bild meiner Mutter, ein Besteck, einen Teller und eine Tasse mit Untertasse. Ich habe mir dann manchmal auf einem Baumstumpf eine Tafel zurechtgemacht. Ich wollte etwas von meinem Privaten hinüberretten, um mit diesem Wahnsinn fertig werden zu können.

93

Der Hauptverbandsplatz war der Ort, wo am meisten gestorben wurde. Ständig frisch eingelieferte Bauchschüsse, wo die Soldaten mit den Händen die Bauchdecke festhalten mußten. Ich kann das gar nicht mehr rekonstruieren, wie das war, wenn die achtzehnjährigen blonden Jungs da lagen und schrien: «Mutter, Mutter, Mama!» Die Soldaten wollten nicht an die Wolga, sie wollten nach Hause.

Der Krieg ist in mir. Er steckt so tief als unmittelbares Erlebnis in mir, daß er in meinem Leben alles bestimmt hat. Ich kann nur sagen: Ich wurde in die Wüste geschickt und zur totalen Vereinsamung gezwungen im Nachvollzug von Befehlen. Der Krieg ist ein Dauerzustand; man hat mich gemordet, ohne daß ich gefallen bin.

Dr. Helmuth Rönnefeld, Offizier im Einsatz an der Ostfront:
Am Nachmittag des 21. Juni 1941 war große Kinovorstellung, der berühmte Film über Ohm Krüger. Dann gab es Abendbrot. Plötzlich um 20 Uhr Alarm, wir mußten auf dem Appellplatz antreten. Unser Bataillonskommandeur sagte zu uns: «Der Führer hat den Kampf gegen das bolschewistische Rußland befohlen; um 23 Uhr Abmarsch. Ausrüstung festbinden, damit wir keinen Lärm machen!» Ja, so ging es los.

Mit Partisanen bin ich zweimal in Berührung gekommen, das erste Mal gleich am Anfang. Meine Kompanie war gerade angetreten, da wurden wir aus einem Weizenfeld von hinten beschossen. Ich ließ die Leute gefangennehmen. Unter Vorsitz eines Majors wurden sie vor ein Standgericht gestellt und wegen Verstoßes gegen die Haager Landkriegsordnung erschossen.

Das Besondere des Rußlandfeldzuges bestand darin, daß, je weiter es nach Osten ging, der Raum und damit die Angriffsflächen immer größer wurden. Wenn man nicht genügend Menschen hat, kann man den Raum nicht abdecken. Und das haben sich die Russen natürlich zunutze gemacht. Meiner Meinung nach war dieser Feldzug ein Leichtsinn des deutschen Generalstabes.

Seit Juli 1940 laufen im deutschen Generalstab, hier von Brauchitsch und Heusinger (1. u. 2. v. l.) mit Generalstabschef Halder (rechts), unter dem Decknamen «Aufbau Ost» die Varianten-Planungen für den Rußlandfeldzug, der später unter dem propagandistisch griffigeren Kennwort «Unternehmen Barbarossa» gestartet wird.

Am 22. Juni 1941 setzen deutsche Soldaten in Booten über den Grenzfluß Bug. Sie gehören zu den circa drei Millionen Wehrmachtsangehörigen, die sich, ausgestattet mit zunächst 3580 Panzern und etwa 2000 Flugzeugen, auf den «Marsch nach Moskau» begeben.

Heinz Langhoff, Hauptmann der Infanterie:

Mich hat am Anfang des Krieges geärgert, daß die höheren Offiziere vor allem darauf aus waren, einen Orden zu bekommen. Sie gierten nach einem Ritterkreuz und nutzten daher jede Chance, ein bißchen Krieg zu spielen und auf sich aufmerksam zu machen. Das war für mich das erste abstoßende Erlebnis, daß ein Mensch für einen Orden andere in den Tod schickte.

Ich hatte ein knappes Vierteljahr Zeit, mich in Rußland bei der Truppe einzugewöhnen. Ich habe dann den Krieg so, wie ich ihn befürchtet und bei Beumelburg oder Jünger beschrieben gefunden hatte, erlebt, bei der Herbstoffensive und Spätherbstoffensive. Der Winter war sehr zeitig hereingebrochen. Einer der ersten Toten, dem ich beim Sterben beistand, stammte fast aus meiner Heimat, und ich habe mich danach sehr damit geplagt, was ich den Eltern schreiben sollte.

Es war so, daß man im Einsatz irgendwie außer sich geriet, daß man gar nicht mehr zu sich selber zurückfinden konnte. Wir verloren damals Tag für Tag ein Drittel derjenigen, die am Morgen angetreten waren. Das war wirklich ein Wandern auf dem Grat zwischen Leben und Tod. Ich weiß noch, daß ich den Leuten ansah: Dich sehe ich heute zum letzten Mal. Und es stimmte auch immer exakt. Man erlebte also unter dieser irrsinnigen Anspannung auch Dinge, die ein bißchen metaphysisch-parapsychologisch waren.

Wie konnte man das alles aushalten? Eine große Rolle spielte dabei, daß man nicht allein war, sondern Kameraden hatte, mit denen man auf Gedeih und Verderb verbunden war, denen man half zu überleben und die einem halfen durchzukommen. Das war wirklich eine starke Hilfe, mit diesem Wahnsinn fertig zu werden, nein, nicht fertig zu werden, sondern in dem Wahnsinn nicht selber wahnsinnig zu werden.

Rudolf Weckerling, Fernmeldeunteroffizier:

Ich wurde erst eingezogen, als der Rußlandfeldzug schon in vollem Gange war. Es war unheimlich kalt, minus 40 Grad und darunter, und es gab keine Winterbekleidung. Die Infanterie hat scharenweise Leute wegen Erfrierungen aus den vordersten Linien abziehen müssen. Wir hatten schreckliche Verluste.

Als wir an der Front ankamen – wir waren völlig unerfahren –,

Als der Vormarsch Ende August 1941 in den Weiten Rußlands aufgrund logistischer Probleme zu stocken beginnt, beobachten die durch den schnellen Verlauf der vorherigen Operationen verwöhnten «Volksgenossen den ihrer Ansicht nach schon zu lange dauernden Feldzug im Osten mit einem gewissen Unbehagen» (SD-Geheimbericht). Hitler kreuzt mit seinem Verbündeten Mussolini an der Ostfront auf, um Unterstützung für die Wehrmacht zu fordern.

100 Kilometer vor Moskau bleibt die Heeresgruppe Mitte im Oktober 1941 regelrecht im Schlamm stecken.

knallte es auf einmal von allen Seiten. Wir luden unsere Viehwagen ab, und ich half gerade einem Kameraden in den Mantel. Ein Volltreffer riß ihm das Gesäß ab; er war sofort tot. Der Luftdruck schleuderte mich und andere aus dem Waggon. So verloren wir gleich am ersten Tag sechs Kameraden.

Der Glaube hat mir natürlich geholfen, das alles durchzustehen. Ich habe meinen Glauben auch so verstanden, daß ich immer in Gottes Hand war. In dieser Hinsicht war ich durch die Schriften Karl Barths und die persönliche Begegnung mit Bonhoeffer gefestigt.

Von den Verbrechen an Kriegsgefangenen und auch an der Zivilbevölkerung habe ich von Nachrichtenleuten, die kurzzeitig zur Infanterie abgestellt worden waren, erfahren. Ich habe es nicht gesehen, aber ich habe es hautnah vernommen, auch das Entsetzen derer, die es mir erzählt haben.

Das Schrecklichste für mich war, als mir klar wurde, daß ich an der Front die Greuel in Auschwitz ermöglichen helfe. Als diese Erkenntnis bei mir mit voller Wucht durchbrach, das ist bis heute mein schrecklichstes Erlebnis. Und das macht mich auch bereit, in diesem Sinne Zeitzeuge zu sein. Wir Überlebenden schämen uns, aber wir danken auch für unser Leben und fühlen uns verpflichtet, über diese Dinge zu sprechen, auch wenn keiner auf uns hört.

Heinz Bicker, Divisionsfunker in der 3. Panzergrenadierdivision:
Der erste Tote, den ich sah, war ein russischer Soldat. Er lag an einem Bachlauf. Er hatte hinten eine große Fleischwunde; man hatte ihm den ganzen Hintern weggeschossen. Unser Wachtmeister stieß ihn mit dem Fuß an. Da schoß er plötzlich wie wild um sich; er hatte unter seinem Körper eine Pistole versteckt. Zum Glück hat er niemand getroffen. Der Wachtmeister zog seine Maschinenpistole, und das war dann das Ende des Soldaten. Dieser erste Tote kommt mir noch heute oft im Traum vor.

Einmal haben wir zwei Männer und eine Frau festgenommen, die ihrem Äußeren nach – sie waren verhältnismäßig gut gekleidet – wahrscheinlich Politoffiziere oder Partisanen waren. Sie sollten zum Divisionsgefechtsstand gebracht werden. Das Begleitkommando war bereits nach zehn Minuten wieder da. Wir hatten es nicht weit von uns schießen gehört. Darüber wurde nicht gesprochen. Solche Dinge sind geschehen, und keiner sagte ein Wort darüber.

Der Rückzug im Dezember 1941 begann etwa 80 Kilometer vor Moskau. Das ging verhältnismäßig gut, weil die Erde fest gefroren war und wir dadurch mit den Fahrzeugen schnell vorankamen. Es war allerdings eisig kalt, minus 40 Grad. Mit dem Frühjahr kam dann der furchtbare Schlamm. Das Marschieren im Schlamm in voller Ausrüstung – das war wie ein Vorwärtstasten. Man mußte Schritt für Schritt stapfen, einen Fuß mit den Stiefelschlaufen an der Seite hochziehen, vorwärts setzen usw. So schaffte man dann Meter für Meter.

Stalingrad war nach meinem Dafürhalten die Wende. Mich packt noch heute das Entsetzen, wenn ich die Bilder aus den Wochenschauen sehe: Hunderttausende von Soldaten schleppen sich zerlumpt durch den Schnee, und der Paulus wird mit Feldmarschallstab in einem russischen Jeep vorbeigefahren. Den hätten sie an die Wand stellen müssen. Oder wie der Kesselring nach Karlshorst gefahren ist, mit Glacéhandschuhen und Feldmarschallstab. Dem hätte ich die Mütze vom Kopf geschlagen.

Seit Juni 1941 hat die Wehrmacht 120000 Mann verloren, viele sind erfroren, wie diese vier Infanteristen. Nachdem die Front vor Moskau auseinandergebrochen ist, übernimmt Hitler am 19. Dezember 1941 selbst den Oberbefehl über das Heer.

3. DIE NIEDERLAGE

Sommer 1942. Die «Krise» der Schlacht von Moskau, das Debakel des Winterkrieges scheinen überwunden. Ende Juni treten die deutschen Truppen erneut zur Offensive an. Diesmal im Süden der Sowjetunion. Hauptziel ist das Erdölfördergebiet in den kaukasischen Republiken. Ohne das russische Öl, meint Hitler, sei der Krieg nicht fortzuführen, geschweige denn zu gewinnen. Zur Abschirmung der Kaukasus-Operation sollen die 6. Armee und die 4. Panzerarmee zur Wolga vordringen. Ihr Ziel: Stalingrad.

Ein halbes Jahr später wird dieser Nebenkriegsschauplatz zum Symbol für die Wende im Zweiten Weltkrieg: das größte «Heldenepos» der deutschen Geschichte, Zeugnis für den «unbarmherzigen Willen», keinen Fußbreit Boden aufzugeben.

Hitler prahlt wider besseres Wissen in einer Rede am 8. November 1942: «Ich wollte zur Wolga kommen, und zwar an einer bestimmten Stelle, an einer bestimmten Stadt. Zufälligerweise trägt sie den Namen von Stalin selber. Aber denken Sie nur nicht, daß ich aus diesem Grunde dorthin marschiert bin – sie könnte auch ganz anders heißen –, sondern weil dort ein ganz wichtiger Punkt ist. Dort schneidet man nämlich 30 Millionen Tonnen Verkehr ab, darunter fast neun Millionen Tonnen Ölverkehr. Dort floß der ganze Weizen aus diesen gewaltigen Gebieten der Ukraine, des Kubangebietes zusammen, um nach Norden transportiert zu werden. Dort ist das Manganerz befördert worden; dort war ein gigantischer Umschlagplatz. Den wollte ich nehmen und – wissen Sie – wir sind bescheiden, wir haben ihn nämlich!»

Das Leiden und Sterben der 6. Armee in Stalingrad ist in unzähligen Artikeln, Büchern, Filmen und Augenzeugenberichten verbreitet; dem Geschehen in den vielen kleinen «Stalingrads» der Ostfront ist ein solches Interesse nicht zuteil geworden.

Zwei Jahre braucht die Rote Armee, um den Boden der Sowjetunion von den Deutschen zu befreien. Vom hohen Norden des Sowjetstaates bis zu den Bergen des Kaukasus formiert sich eine Kette militärischer Operationen, die schließlich mit der Zerschlagung der Massen der deutschen Truppen im Sommer 1944 im Kessel von Minsk endet.

Der Rückzug ist mit unermeßlichen Strapazen verbunden: Mangel an Verpflegung und geeigneter Bekleidung, fehlender Brennstoff, keine Munition. Dazu die wachsende Übermacht des Gegners, der Roten Armee, deren Kämpfer von den deutschen Soldaten als tapfer und leidensfähig beschrieben werden.

Die Verluste der Wehrmacht sind maßlos: Beim (württembergischen) Infanterieregiment 119 beispielsweise beträgt die durchschnittliche Verweildauer der Zugführer an der Front gerade mal zehn Tage. Alle wollen überleben, doch dies ist zum bloßen Lotteriespiel geworden. Viele kämpfen buchstäblich bis zur letzten Patrone, die Angst vor der russischen Kriegsgefangenschaft ist ungeheuer groß.

Doch nicht nur das Inferno der Ostfront verschlingt Hunderttausende, auch die anderen Kriegsschauplätze fordern blutigen Tribut: in Nordafrika wie auf dem Atlantik, im Luftkrieg über England wie an der Westfront, dort insbesondere nach Beginn der alliierten Invasion in Nordwestfrankreich im Juni 1944. Trotz Hitlers zweiter «totaler Mobilisierung» überschreiten im September amerikanische, im Oktober sowjetische Truppen die deutsche Grenze – der Zweite Weltkrieg ist heimgekehrt in sein Ursprungsland. Letzte sinnlose Opfer einer fanatischen Führung, vor allem im Kampf um die Reichshauptstadt, dann Hitlers Selbstmord und schließlich die bedingungslose Gesamtkapitulation vor den vier Siegermächten am 7. bzw. 8./9. Mai 1945 in Reims und Berlin-Karlshorst – die deutsche Wehrmacht hat aufgehört zu existieren.

Der Kampf geht weiter!

Der Feind hat nicht gesiegt. Durch Lüge und Hetze will er Dich in Verwirrung bringen.
Leih nicht dem Feind Dein Ohr!
Stehe und kämpfe! **Die Wende kommt!**

Nur der Verräter und Gesinnungslump verliert den Mut.
Sei zum Äussersten entschlossen!
Deutscher sein, heisst Kämpfer sein.
„Lever dood as Slav."

Unmittelbar nach der offiziellen Kapitulation werden die ersten Revancheparolen verbreitet.

103

Dokumente 1941–1945

Aus einem Befehl Hitlers an die Heeresgruppe Mitte
(18. Dezember 1941)
Größere Ausweichbewegungen können nicht durchgeführt werden. Sie führen zum völligen Verlust von schweren Waffen und
Gerät. Unter persönlichem Einsatz der Befehlshaber, Kommandeure und Offiziere ist die Truppe zum fanatischen Widerstand
in ihren Stellungen zu zwingen, ohne Rücksicht auf durchgebro-
chenen Feind in Flanke und Rücken. Nur durch eine derartige
Kampfführung ist der Zeitgewinn zu erzielen, der notwendig ist,
um die Verstärkungen aus der Heimat und dem Westen heran-
zuführen, die ich befohlen habe. Erst wenn Reserven in rückwär-
tigen Sehnenstellungen eingetroffen sind, kann daran gedacht
werden, sich in diese Stellungen abzusetzen.

Aus der Weisung des Oberkommandos der Wehrmacht
über die Vorbereitung einer neuen Offensive im Osten
(5. April 1942)
Sobald Wetter- und Geländeverhältnisse die Voraussetzungen
dazu bieten, muß nunmehr die Überlegenheit der deutschen
Führung und Truppe das Gesetz des Handelns wieder an sich
reißen, um dem Feinde ihren Willen aufzuzwingen.

Das Ziel ist, die den Sowjets noch verbliebene lebendige Wehrkraft endgültig zu vernichten und ihnen die wichtigsten kriegs-
wirtschaftlichen Kraftquellen, so weit als möglich zu entziehen.

Hierzu werden alle verfügbaren Kräfte der deutschen Wehrmacht und die der Verbündeten herangezogen. Dabei muß aber
gewährleistet sein, daß die besetzten Gebiete im Westen und
Norden Europas, insbesondere die Küsten, unter allen Umständen gesichert bleiben.
I. Allgemeine Absicht:

Unter Festhalten an den ursprünglichen Grundzügen des Ostfeld-

Mussolini hatte am 13. September 1940 aus der italienischen Kolonie Libyen heraus die Briten in Ägypten angegriffen, war aber bald in die Defensive geraten. Als er daraufhin seinen Verbündeten Deutschland um Hilfe bittet, wird das Afrika-Korps unter Führung Rommels (Mitte vorn, mit italienischen Stabsoffizieren) nach Libyen verlegt.

Am 13. Mai 1943 kapitulieren bei
Tunis 250 000 Mann der Heeresgruppe
Afrika. Die Alliierten haben Mühe,
deren Hinterlassenschaft zu entsorgen.

zuges kommt es darauf an, bei Verhalten der Heeresmitte, im Norden Leningrad zu Fall zu bringen und die Landverbindung mit den Finnen herzustellen, auf dem Südflügel der Heeresfront aber den Durchbruch in den Kaukasusraum zu erzwingen.

Dieses Ziel ist in Anbetracht der Abschlußlage nach der Winterschlacht, der verfügbaren Kräfte und Mittel und der Transportverhältnisse nur abschnittsweise zu erreichen. Daher sind zunächst alle greifbaren Kräfte zu der Hauptoperation im Südabschnitt zu vereinigen mit dem Ziel, den Feind vorwärts des Don zu vernichten, um sodann die Ölgebiete im kaukasischen Raum und den Übergang über den Kaukasus selbst zu gewinnen.

Aus einem «Führerbefehl» an Erwin Rommel
(3. November 1942)
Mit mir verfolgt das deutsche Volk in gläubigem Vertrauen auf Ihre Führerpersönlichkeit und auf die Tapferkeit der Ihnen unterstellten deutsch-italienischen Truppen den heldenhaften Abwehrkampf in Ägypten. In der Lage, in der Sie sich befinden, kann es keinen anderen Gedanken geben als auszuharren, keinen Schritt zu weichen und jede Waffe und jeden Kämpfer, die noch freigemacht werden können, in die Schlacht zu werfen. Beträchtliche Verstärkungen an fliegenden Verbänden werden in diesen Tagen dem Oberbefehlshaber Süd zugeführt werden. Auch der Duce und das Comando Supremo werden die äußersten Anstrengungen unternehmen, um Ihnen die Mittel zur Fortführung des Kampfes zuzuführen. Trotz seiner Überlegenheit wird auch der Feind am Ende seiner Kraft sein. Es wäre nicht das erste Mal in der Geschichte, daß der stärkere Wille über die stärkeren Bataillone des Feindes triumphierte. Ihrer Truppe aber können Sie keinen anderen Weg zeigen als den zum Sieg oder zum Tode.

Aus einem Befehl Hitlers an das Oberkommando der 6. Armee
(17. November 1942)
Folgender Führerbefehl ist allen in Stalingrad eingesetzten Kommandeuren bis zum Rgt. Kdr. einschließlich mündlich bekanntzugeben:

Die Schwierigkeiten des Kampfes um Stalingrad und die gesunkenen Gefechtsstärken sind mir bekannt. Die Schwierigkeiten für den Russen sind jetzt aber bei dem Eisgang auf der Wolga

Seit Ende August 1942 bombardieren
Stukas Welle auf Welle die Halbmillio-
nenstadt Stalingrad, jedoch kann sie
von der Infanterie erst nach lang
anhaltendem verbissenem Straßen-
und Häuserkampf eingenommen werden. Im November wird die 6. Armee
an der Wolga eingekesselt.

Wegen erheblichen Mangels an
Kampf- und Lebensmitteln begeben
sich von Ende Januar bis Anfang
Februar 1943 ca. 91 000 Wehrmachtsangehörige in sowjetische Kriegsgefangenschaft, fast 200 000 deutsche
Soldaten sind bis zu diesem Zeitpunkt
in Stalingrad gefallen.

noch größer. Wenn wir diese Zeitspanne ausnützen, sparen wir uns später viel Blut. Ich erwarte deshalb, daß die Führung nochmals mit aller wiederholt bewiesenen Energie und die Truppe nochmals mit dem oft gezeigten Schneid alles einsetzt, um wenigstens bei der Geschützfabrik und beim Metallurgischen Werk bis zur Wolga durchzustoßen und diese Stadtteile zu nehmen.

Luftwaffe und Artillerie müssen alles tun, was in ihren Kräften steht, diesen Angriff vorzubereiten und zu unterstützen.

Aus einem Funkspruch des Oberbefehlshabers der 6. Armee, Friedrich Paulus, an Hitler (24. November 1942)

Die Schließung des Kessels ist im Südwesten und Westen nicht geglückt. Bevorstehende Feindeinbrüche zeichnen sich hier ab.

Munition und Betriebsstoff gehen zu Ende. Zahlreiche Batterien und Panzerabwehrwaffen haben sich verschossen. Eine rechtzeitige, ausreichende Versorgung ist ausgeschlossen. Die Armee geht in kürzester Zeit der Vernichtung entgegen, wenn nicht unter Zusammenfassen aller Kräfte der von Süden und Westen angreifende Feind vernichtend geschlagen wird.

Hierzu ist sofortige Herausnahme alle Divisionen aus Stalingrad und starker Kräfte aus der Nordfront erforderlich. Unabwendbare Folge muß dann Durchbruch nach Südwesten sein, da Ost- und Nordfront bei derartiger Schwäche nicht mehr zu halten [...]

Bitte auf Grund der Lage nochmals um Handlungsfreiheit!

Aus einer Meldung der 6. Armee an das Oberkommando des Heeres (24. Januar 1943)

Die Armee meldet auf Grund der Korpsberichte und persönlicher Meldung der Kommandierenden Generale, soweit noch erfaßbar, folgende Lagebeurteilung: Truppe ohne Munition und Verpflegung, erreichbar noch Teile von 6 Divisionen. Auflösungserscheinungen an der Süd-, Nord- und Westfront. Keine einheitliche Befehlsführung mehr möglich. Ostfront geringfügig verändert. 18000 Verwundete ohne Mindesthilfe an Verbandszeug und Medikamenten. 44., 76., 100., 305., 384. I. D. [Infanteriedivision] vernichtet. Front infolge starker Einbrüche vielseitig aufgerissen. Stützpunkte und Deckungsmöglichkeiten nur noch

Als Hitler von General Paulus' (sitzend) Kapitulation in Stalingrad erfährt, soll er ausgerufen haben: «Der Mann hat sich totzuschießen!» In der Gefangenschaft versucht Paulus, gemeinsam mit den Offizieren Leyser, Adam und von Seydlitz, bei den Sowjets annehmbare Bedingungen für die Behandlung der Wehrmachtssoldaten auszuhandeln. Als er 1953 entlassen wird, nimmt er seinen Wohnsitz in der DDR.

im Stadtgebiet, weitere Verteidigung sinnlos. Zusammenbruch unvermeidbar. Armee erbittet, um noch vorhandene Menschenleben zu retten, sofortige Kapitulationsgenehmigung.

Aus Hitlers Operationsbefehl «Zitadelle» (15. April 1943)

Ich habe mich entschlossen, sobald die Wetterlage es zuläßt, als ersten der diesjährigen Angriffsschläge den Angriff «Zitadelle» zu führen. Diesem Angriff kommt ausschlaggebende Bedeutung zu. Er muß schnell und durchschlagend gelingen. Er muß uns die Initiative für dieses Frühjahr und Sommer in die Hand geben. Deshalb sind alle Vorbereitungen mit größter Umsicht und Tatkraft durchzuführen. Die besten Verbände, die besten Waffen, die besten Führer, große Munitionsmengen sind an den Schwerpunkten einzusetzen. Jeder Führer, jeder Mann muß von der entscheidenden Bedeutung dieses Angriffs durchdrungen sein. Der Sieg von Kursk muß für die Welt wie ein Fanal wirken.
Hierzu befehle ich:
1.) Ziel des Angriffs ist, durch scharf zusammengefaßten, rücksichtslos und schnell durchgeführten Vorstoß je einer Angriffsarmee aus dem Gebiet Belgorod und südlich Orel die im Gebiet Kursk befindlichen Feindkräfte einzukesseln und durch konzentrischen Angriff zu vernichten.

Aus der Weisung des Oberkommandos der Wehrmacht zur Verstärkung der Abwehrkraft im Westen (3. November 1943)

Der harte und verlustreiche Kampf der letzten zweieinhalb Jahre gegen Bolschewismus hat die Masse unserer militärischen Kräfte und Anstrengungen aufs Äußerste beansprucht. Dies entsprach der Größe der Gefahr und der Gesamtlage. Dies hat sich inzwischen geändert. Die Gefahr im Osten ist geblieben, aber eine größere im Westen zeichnet sich ab: die angelsächsische Landung! Im Osten läßt die Größe des Raumes äußersten Falles einen Bodenverlust auch größeren Ausmaßes zu, ohne den deutschen Lebensnerv tödlich zu treffen.

Anders im Westen! Gelingt dem Feind hier ein Einbruch in unsere Verteidigung in breiter Front, so sind die Folgen in kurzer Zeit unabsehbar. Alle Anzeichen sprechen dafür, daß der Feind spätestens im Frühjahr, vielleicht aber schon früher, zum Angriff gegen die Westfront Europas antreten wird.

Bei den deutschen «Absetzbewegungen», hier im September 1943 aus dem Donezbecken, muß das schwere Material zumeist zurückgelassen werden.

Gefallen bei Kursk. Die Wehrmacht, deren Personalstärke 1943 die 10-Millionen-Schwelle übersteigt, wird infolge der verheerenden Materialschlachten selbst Opfer der Strategie des Ausblutens.

Nach dem Rückzug der Wehrmacht soll dem Gegner ein «total verbranntes und zerstörtes Land» (Himmler) zufallen. Am 7. September 1943 ordnet Himmler an: «Es muß erreicht werden, daß bei der Räumung von Gebietsteilen in der Ukraine kein Mensch, kein Vieh, kein Zentner Getreide, keine Eisenbahnschiene zurückbleiben.»

Ich kann es daher nicht mehr verantworten, daß der Westen zugunsten anderer Kriegsschauplätze weiter geschwächt wird. Ich habe mich daher entschlossen, seine Abwehrkraft zu verstärken, insbesondere dort, von wo aus wir den Fernkampf gegen England beginnen werden. Denn dort muß und wird der Feind angreifen, dort wird – wenn nicht alles täuscht – die entscheidende Landungsschlacht geschlagen werden.

Aus einem Fernschreiben Rommels an Hitler
(15. Juli 1944)

Die Lage an der Front der Normandie wird von Tag zu Tag schwieriger, sie nähert sich einer schweren Krise.

Die eigenen Verluste sind bei der Härte der Kämpfe, dem außergewöhnlich starken Materialeinsatz des Gegners, vor allem an Artillerie und Panzern, und bei der Wirkung der den Kampfraum unumschränkt beherrschenden feindlichen Luftwaffe derartig hoch, daß die Kampfkraft der Divisionen rasch absinkt. Ersatz aus der Heimat kommt nur sehr spärlich und erreicht bei der schwierigen Transportlage die Front erst nach Wochen. Rund 97000 Mann an Verlusten (darunter 2360 Offiziere – unter ihnen 28 Generale und 354 Kommandeure) – also durchschnittlich pro Tag 2500–3000 Mann – stehen bis jetzt insgesamt 6000 Mann Ersatz gegenüber. Auch die materiellen Verluste der eingesetzten Truppen sind außerordentlich hoch und konnten bisher in nur geringem Umfang ersetzt werden, z. B. von 225 Panzern bisher nur 17.

Die neuzugeführten Divisionen sind kampfungewohnt und bei der geringen Ausstattung mit Artillerie, panzerbrechenden Waffen und Panzerbekämpfungsmitteln nicht imstande, feindliche Großangriffe nach mehrstündigem Trommelfeuer und starken Bombenangriffen auf die Dauer erfolgreich abzuwehren. Wie die Kämpfe gezeigt haben, wird bei dem feindlichen Materialeinsatz auch die tapferste Truppe Stück für Stück zerschlagen. Die Nachschubverhältnisse sind durch die Zerstörungen des Bahnnetzes, die starke Gefährdung der Straßen und Wege bis zu 150 Kilometer hinter der Front durch die feindliche Luftwaffe derartig schwierig, daß nur das Allernötigste herangebracht werden kann und vor allem mit Artillerie- und Werfermunition äußerst gespart werden muß. Neue nennenswerte Kräfte können der Front

Nach dem japanischen Überfall auf die US-Flotte in Pearl
Harbor am 7. Dezember 1941
sind die USA in den Krieg
eingetreten. Daraufhin greifen deutsche U-Boote auch die
zunächst noch völlig unge-
schützten amerikanischen
Handelsschiffe im Nordatlantik an. Nachdem die Alliierten ihre U-Boot-Abwehr per-
fektioniert haben, schnellen
1943 die deutschen Verlust-
zahlen rapid nach oben, allein
in diesem Jahr gehen 230
deutsche U-Boote verloren,
gegenüber insgesamt 160 im
Zeitraum von 1939 bis Ende
1942.

Die gefangengenommene Besatzung eines deutschen U-Bootes wird mit verbundenen Augen an
Bord eines britischen Zerstörers gebracht.

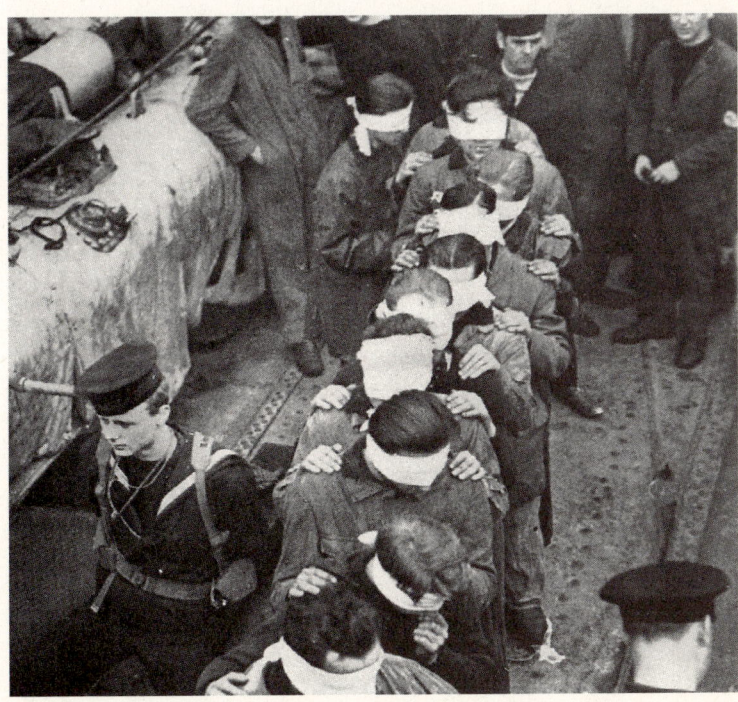

in der Normandie nicht mehr zugeführt werden. Auf der Feind-
seite fließen Tag für Tag neue Kräfte und Mengen an Kriegsmate-
rial der Front zu. Der feindliche Nachschub wird von unserer eigenen Luftwaffe nicht gestört. Der feindliche Druck wird immer
stärker.

Unter diesen Umständen muß damit gerechnet werden, daß es
dem Feind in absehbarer Zeit – 14 Tage bis drei Wochen – gelingt,
die eigene dünne Front, vor allem bei der 7. Armee, zu durchbrechen und in die Weite des französischen Raumes zu stoßen. Die
Folgen werden unübersehbar sein.

Die Truppe kämpft allerorts heldenmütig, jedoch der unglei-
che Kampf neigt dem Ende entgegen. Ich muß Sie bitten, die Fol-
gerungen aus dieser Lage unverzüglich zu ziehen. Ich fühle mich
verpflichtet, als Oberbefehlshaber der Heeresgruppe dies klar
auszusprechen.

**Aus dem Aufmarschbefehl zur Ardennen-Offensive
(10. November 1944)**
Ziel der Operation ist, durch Vernichtung der feindlichen Kräfte
nördlich der Linie Antwerpen–Brüssel–Luxemburg eine entscheidende Wendung des Westfeldzuges und damit vielleicht sogar des ganzen Krieges herbeizuführen. Ich bin entschlossen, an
der Durchführung der Operation unter Inkaufnahme des größten
Risikos auch dann festzuhalten, wenn der feindliche Angriff beiderseits Metz und der bevorstehende Stoß auf das Ruhrgebiet zu
großen Gelände- und Stellungsverlusten führen sollten.

**Aus dem Tagesbefehl Hitlers an die «Soldaten der Ostfront»
(14. April 1945)**
Zum letzten Mal ist der jüdisch-bolschewistische Todfeind mit
seinen Massen zum Angriff angetreten. Er versucht, Deutschland
zu zertrümmern und unser Volk auszurotten. Ihr Soldaten aus
dem Osten wißt zu einem hohen Teil heute bereits selbst, welches
Schicksal vor allem den deutschen Frauen, Mädchen und Kin-
dern droht.

Während die alten Männer und Kinder ermordet werden, werden Frauen und Mädchen zu Kasernenhuren erniedrigt. Der Rest
marschiert nach Sibirien [...]

Wenn in diesen kommenden Tagen und Wochen jeder Soldat

Als «D-Day» (Decision Day = Tag der Entscheidung) geht der 6. Juni 1944 in die Geschichte des Zweiten Weltkriegs ein. An der französischen Atlantikküste, in der Seine-Mündung, gehen nahezu 200 000 alliierte Soldaten an Land.

an der Ostfront seine Pflicht erfüllt, wird der letzte Ansturm Asiens zerbrechen, genau so wie am Ende auch der Einbruch unserer Gegner im Westen trotz allem scheitern wird.

Aus dem Urkundentext der bedingungslosen Kapitulation der Wehrmacht (9. Mai 1945)

1. Wir, die hier Unterzeichneten, die wir im Auftrage des Oberkommandos der Deutschen Wehrmacht handeln, übergeben hiermit bedingungslos dem Obersten Befehlshaber der Alliierten Expeditionsstreitkräfte und gleichzeitig dem Oberkommando der Roten Armee alle gegenwärtig unter deutschem Befehl stehenden Streitkräfte zu Lande, zu Wasser und in der Luft.

2. Das Oberkommando der Deutschen Wehrmacht wird unverzüglich allen deutschen Land-, See- und Luftstreitkräften und allen unter deutschem Befehl stehenden Streitkräften den Befehl geben, die Kampfhandlungen um 23.01 Uhr mitteleuropäischer Zeit am 8. Mai 1945 einzustellen, in den Stellungen zu verbleiben, die sie in diesem Zeitpunkt innehaben, und sich vollständig zu entwaffnen, indem sie ihre Waffen und Ausrüstung den örtlichen alliierten Befehlshabern oder den von den Vertretern der obersten alliierten Militärführungen bestimmten Offizieren übergeben. Kein Schiff, Seefahrzeug oder Flugzeug irgendeiner Art darf zerstört werden, noch dürfen Schiffsrümpfe, maschinelle Einrichtungen oder Geräte, Maschinen irgendwelcher Art, Waffen, Apparaturen und alle technischen Mittel zur Fortsetzung des Krieges im allgemeinen beschädigt werden.

3. Das Oberkommando der Deutschen Wehrmacht wird unverzüglich den zuständigen Befehlshabenr alle von dem Obersten Befehlshaber der Alliierten Expeditionsstreitkräfte und dem Oberkommando der Roten Armee erlassenen zusätzlichen Befehle weitergeben und deren Durchführung sicherstellen.

4. Diese Kapitulationserklärung stellt kein Präjudiz für an ihre Stelle tretende allgemeine Kapitulationsbestimmungen dar, die durch die Vereinten Nationen oder in deren Namen festgesetzt werden und Deutschland und die Deutsche Wehrmacht als Ganzes betreffen werden.

5. Im Falle, daß das Oberkommando der Deutschen Wehrmacht oder irgendwelche unter seinem Befehl stehende Streitkräfte es versäumen sollten, sich gemäß den Bestimmungen dieser Kapitu-

Die Lage an der Westfront «nähert sich einer schweren Krise» (Rommel), hier verliert die Wehrmacht bis Mitte Juli ca. 97000 Mann, darunter 28 Generäle und 2332 weitere Offiziere. «Die neuzugeführten Divisionen sind kampfungewohnt» (Rommel) und leisten wenig Widerstand. Der
britische General Montgomery (im Jeep) passiert auf dem Weg zur Hauptkampflinie Kolonnen
deutscher Kriegsgefangener.

Im September 1944 wird die deutsche
Besatzung der Festung Brest einge-
schlossen, 40000 Mann kapitulieren.

lationserklärung zu verhalten, werden der Oberste Befehlshaber der Alliierten Expeditionsstreitkräfte und das Oberkommando der Roten Armee alle diejenigen Straf- und andere Maßnahmen ergreifen, die sie als zweckmäßig erachten.

Die Wehrmacht ermöglicht durch das Aufrechterhalten der Front die Fortsetzung der bereits im August 1944 begonnenen Evakuierung Hunderttausender Zivilisten aus Ostpreußen. Am 26. Januar 1945 erreicht die Rote Armee bei Tolkemit das Frische Haff, damit ist die Flucht der Eingeschlossenen nur noch unter großen Gefahren über die Ostsee möglich.

Am 11. September 1944 stoßen amerikanische Truppen nördlich von Trier bis zur deutschen Grenze vor, als erste deutsche Stadt im Westen wird Aachen Mitte Oktober besetzt.

Zeitzeugen

Ernst von Schröder, Hauptmann:
Alle Verbündeten an der Ostfront, so die Rumänen und Italiener
– bei den Ungarn sah es etwas anders aus –, waren im Grunde genommen arme Schweine. Sie hatten die gleichen Aufgaben wie
wir, sie lagen mit uns in denselben Frontabschnitten, aber sie waren wesentlich schlechter bewaffnet. Wenn russische Panzer kamen, sind sie weggelaufen; sie hatten ja größtenteils gar keine
Panzerabwehr. Sie sind wirklich verheizt worden. Eigentlich war
das ein Skandal.

General von Briesen hatte sich im Polenfeldzug durch besondere Initiative ausgezeichnet und war bei Hitler gut angesehen.
Er wollte 1941 unbedingt den Übergang über den Dnjepr verhindern. «Der Winter steht vor der Tür», sagte er zu uns, «wo sollen wir uns dann eingraben? Außerdem haben wir keine Winterbekleidung.» Briesen flog ins Führerhauptquartier und wollte
Hitler von seiner Meinung überzeugen. Ohne Erfolg. Er ist dann
beim Angriff über den Dnjepr als einer der ersten mit seinem Wa-
gen den Russen entgegengefahren, das heißt: Selbstmord. Die
Generäle wußten meistens recht genau, was in Rußland auf sie
zukommt, aber keiner hat gewagt, etwas zu sagen.

Georg Reymann, Hauptmann, später NVA-General:
Wir waren zu Beginn des Krieges gegen Rußland sehr gut ausgerüstet. Aber die Schlachten, die ersten Kämpfe brachten große
Verluste an Mensch und Material, an Kriegstechnik. Und je weiter es in Richtung Stalingrad ging, wurde es schlimmer. Im Norden wurden die Divisionen verheizt. Es fehlte an allem. Die Versorgung konnte nicht sichergestellt werden; keine Munition,
keine Treibstoffe, um die Fahrzeuge zu bewegen. Das wurde von
Monat zu Monat schlechter. Deshalb wollte doch Paulus noch ret-
120 ten, was er konnte. Er wollte, daß die Truppen zurückgehen,

Sie gelten als Hitlers «letztes Aufgebot»: Schüler, die sich unter dem Einfluß der Propaganda noch in der letzten Phase des Kampfes als «Kriegsfreiwillige» an die Front melden. Sie sind zumeist weder ausgebildet noch bewaffnet, viele von ihnen fallen im ungleichen Kampf, Gefangennahme bedeutet oft genug Rettung aus der unmittelbaren Gefahr.

Nach dem alliierten Luftangriff am 13. Februar 1945 auf Dresden brennt die Stadt drei Tage lang. In die bis dahin unzerstörte Stadt (630 000 Einwohner) haben sich mindestens 500 000 Flüchtlinge gerettet, weshalb der Angriff sehr viele Opfer fordert. Die britische Propaganda bringt die Zahl von 130 000 Toten in Umlauf, die von der deutschen Durchhaltepropaganda wider besseres Wissen weiterverbreitet wird. Seriöse Forschungen gehen von etwa 35 000 Toten aus.

auch bei Verlust von Material, um sich wieder aufzufrischen. Aber das wurde ja von Hitler verboten.

Horst Henke, Unteroffizier:
Ich hatte den Eindruck, daß die Ausrüstung der Roten Armee immer besser wurde. Unser Nachschub klappte nicht richtig, während die Russen ständig neue Kräfte an die Front warfen, neue Geschütze, neue Panzer. Die Panzer waren einfach nicht aufzuhalten.

Heinz Fiene, Unteroffizier:
Auch wenn es keine Kampfhandlungen gab, man hatte immer Angst. Es gab nur wenige Draufgänger, denen es im Grunde genommen egal war, wie es für sie ausging. Aber wahrscheinlich haben die auch Angst gehabt. Ich glaube, jeder hatte Angst. Selbst die Tapferkeit ist sicherlich aus der Angst heraus entstanden.

Wir sind ja die Rückzugsgeneration gewesen. Als wir an die Front kamen, waren die großen Angriffe schon vorbei. Vielleicht hat dies eine Rolle dabei gespielt, daß wir nicht mehr diesen Elan, diesen Mumm hatten wie diejenigen, die schon am Anfang dabei waren. Auf dem Rückzug wurde alles in Brand gesteckt, das Getreide, Häuser, alles sollte zu «verbrannter Erde» werden. Den Russen wollte man über den Winter die Möglichkeit nehmen, sich zu ernähren. Eisenbahngleise wurden aufgerissen, alles wurde gesprengt, die Zivilbevölkerung zum Teil evakuiert. Es war ein schrecklicher Anblick.

Professor Dr. Albrecht Metzger, Hauptmann:
Am 5. Juli 1944 war der letzte Angriff in geschlossener Formation. Wir scheiterten und haben uns dann in kleinen Gruppen nach Westen durchzuschlagen versucht. Unsere Gruppe bestand aus einem Major, fünf Landsern und mir. Nachts sind wir marschiert, am Tage haben wir uns versteckt. Zu essen gab es nichts als Sumpfwasser und vielleicht ein paar Kartoffeln, die man irgendwo fand.

Nach zehn Tagen hatten wir das Pech, zu nahe an eine Vormarschstraße der Russen herangekommen zu sein. Wir hatten
uns im Gebüsch versteckt, und nun geschah es, daß gerade dort

Am 7. März 1945 zieht die US-Armee in Köln ein und nimmt südlich von Bonn im Handstreich die unzerstört gebliebene Rheinbrücke von Remagen. Binnen 24 Stunden gelangen 8000 Mann ans rechte Rheinufer und bilden einen Brückenkopf, der 10 Tage lang mit 60000 Mann, Panzern und Geschützen aufgefüllt werden kann. dann stürzt die Brücke infolge deutscher Luftangriffe und wegen hoher Beanspruchung ein. Alle für die unterlassene Sprengung der Brücke verantwortlichen deutschen Offiziere werden auf Weisung Hitlers hingerichtet.

Am 30. April 1945 überrennen Truppenteile der Roten Armee die 1500 Verteidiger des Reichstages. Am selben Tag setzt Hitler seinem Leben in der Reichskanzlei ein Ende, nachdem er am Vortag eine letztwillige Erklärung aufgesetzt hat, in der er Göring und Himmler wegen «geheime(r) Verhandlungen mit dem Feinde» aus der NSDAP ausschließt und Dönitz zum Reichspräsidenten und Obersten Befehlshaber der Wehrmacht ernennt.

eine bespannte Nachschubeinheit vorbeikam. Sie zogen uns nacheinander aus dem Laub hervor. Der russische Kompaniechef, zu dem wir gebracht wurden, nahm uns anständig in Empfang. Per Bahn wurden wir dann nach Moskau gebracht und kamen auf die große Radrennbahn, wo alle Kriegsgefangenen der Heeresgruppe Mitte gesammelt wurden. Wenig später mußten wir an dem ominösen Propagandamarsch der Gefangenen durch Moskau mit den Generälen an der Spitze teilnehmen.

Günter Ettling, Oberwachtmeister der Reserve:
Der Krieg gegen Rußland war genauso verbrecherisch wie alles andere, was die Nazis angestellt haben. Er war nur in der Dimension weitaus schlimmer, vor allem deswegen, weil sich die Russen bis zum letzten verteidigt haben – anders als die Holländer und Franzosen, die ihre Waffen wegwarfen und sich ergaben. Und weil die Russen so verbissen kämpften, kamen diese ganz entsetzlichen Menschenverluste auf beiden Seiten zustande. Das Ganze war ein einziges Verbrechen, nach meiner Einschätzung nicht von diesem geisteskranken Hitler, sondern von der deutschen Generalität zu verantworten; denn die hätte wissen müssen, daß dieser Krieg gegen Rußland niemals zu gewinnen war.

Dieter Wellershoff, Obergefreiter bei der Infanterie:
Die Zukunft war eine finstere, dunkle Wand, hinter die ich nicht blicken konnte. Ich glaubte ungefähr das, was auf den Waggons stand: «Sieg oder Sibirien». Sieg war aber nicht mehr in Sicht. Das Leben, dachte ich, wird düster aussehen danach, wenn man es überhaupt noch erreicht. Aber ich wollte unbedingt überleben, um zu sehen, wie es sein wird. Eine konkrete Perspektive von einem Leben nach dem Krieg hatte ich nicht.

Ich habe an der Oder den totalen Zusammenbruch erlebt. Es gab dann nur noch kleine funktionale Gemeinschaften, keine geschlossenen Formationen mehr. Ich war bei einer Gruppe dabei, die mit Fahrrädern floh: zwei Unteroffiziere, zehn Soldaten. Wir haben uns unterwegs bei Offizieren Marschbefehle geholt, immer bis zu einem bestimmten Ort. Das war nötig, damit man nicht aufgehängt wurde.

Im Gefangenenlager waren alle auseinander. Es gab keinen Zusammenhalt mehr.

Im Hauptquartier der US-Armee in Reims unterzeichnet Jodl (Mitte) am 7. Mai 1945 die bedingungslose Kapitulation der Verbände im Westen.

Als erstes kapitulieren am 4. Mai 1945 die Verbände der Wehrmacht in Nordwestdeutschland, den Niederlanden und in Dänemark. Admiral von Friedeburg (links) unterzeichnet im britischen Hauptquartier Lüneburg die Kapitulationsurkunde.

Fliegergeneral Stumpff, Feldmarschall Keitel und Admiral von Friedeburg (v. l. n. r.) werden am 8. Mai 1945 nach Berlin-Karlshorst ins Hauptquartier der sowjetischen Streitkräfte geflogen, wo in Anwesenheit von Vertretern aller Siegermächte die Gesamtkapitulation der deutschen Wehrmacht beurkundet wird.

Dönitz sowie weitere Mitglieder der letzten Reichsregierung und des Oberkommandos der Wehrmacht werden am 23. Mai 1945 in Flensburg gefangengenommen.

4. DIE VERBRECHEN

Am 22. November 1943 erschießt eine Einheit der Wehrmacht bei Ohrid in Makedonien 41 Männer. Die Opfer sind kranke italienische Offiziere, versprengte Patienten eines ehemaligen Genesungsheims, die die Deutschen in ihren Verstecken auf dem Land aufgestöbert haben. Ein halbes Jahr zuvor waren diese Offiziere noch Verbündete. Von ihnen geht keinerlei militärische Gefahr aus. Doch als die Wintervorräte knapp werden, sieht die Divisionsführung in den Gefangenen nur noch lästige Esser. Man hätte sie auch laufenlassen können. Aber der zuständige Kompaniechef hat keine Skrupel: «Das sind doch nur Italiener!» – und damit ist das Todesurteil für die Männer besiegelt.

Der Vorfall markiert den Tiefpunkt einer Entwicklung, die aus vielen Soldaten mit vermeintlich unanfechtbarem Ehrenkodex ungehemmte Verbrecher gemacht hat. Die Täter sind junge Männer Anfang Zwanzig, hin und her gerissen zwischen Größenwahn und Todesangst. In einem Krieg, der als Eroberungskrieg begann, der im Osten zum Vernichtungskrieg wurde und der seit Stalingrad nur noch ein absurder Weltanschauungskrieg ist, haben sie der Verrohung nichts entgegenzusetzen.

1939 in Polen glaubt Hitler noch, der Wehrmacht sei die Beteiligung an der Vertreibung polnischer Bevölkerungsteile, an Judenverfolgung und Massenmord nicht zuzumuten. Doch mit Beginn des Krieges gegen die Sowjetunion läßt sich die vorgesehene «Arbeitsteilung» mit der SS nicht länger durchhalten, wurden Einheiten der Wehrmacht mehr und mehr an Verbrechen beteiligt, teils allein, teils als Komplizen der SS; Mordaktionen gegen die Zivilbevölkerung, willkürliche Racheakte für Partisanenangriffe, Beteiligung an der Vernichtung der Juden, Verbrechen an Kriegsgefangenen.

Die Zahl ungeheuerlicher Geschehnisse aus dem Zweiten Weltkrieg, die die Beteiligung der Wehrmacht an Kriegsverbrechen und Völkermord belegen, ist groß und läßt sich nicht als «Entgleisungen» einzelner verharmlosen. Ebensowenig kann daraus

der pauschale Vorwurf abgeleitet werden, alle deutschen Soldaten seien Verbrecher gewesen. Die Frage nach den Mechanismen
wurzelt vielmehr in dem von Anfang an demagogisch wie syste-
matisch betriebenen Mißbrauch der Wehrmacht durch das Regime, das mit der ideologischen Polarisierung von «Herrenrasse»
auf der einen und «Untermenschen» auf der anderen Seite den
Boden für die vermeintliche Legalität völkerrechtswidriger
Führungsbefehle bereitete.

So entwickelte sich Hitlers Armee ansatzweise schon vor 1939
und erst recht während des Krieges als wesentliches Element des
NS-Staates und der Gesellschaft im «Dritten Reich» zu einer Ma-
schinerie, die in steigendem Maße Vernichtung, Brutalisierung
und Inhumanität hervorbrachte – Triebkräfte einer Entwicklung, die zu den schwärzesten Kapiteln der Kriegsgeschichte
gehört.

Geiselerschießung in der
serbischen Stadt Pancevo im
April 1941.

Dokumente

**Aus einer Ansprache Hitlers vor den Oberbefehlshabern
der Wehrmacht (22. August 1939)**

Vernichtung Polens im Vordergrund. Ziel ist Beseitigung der
lebendigen Kräfte, nicht die Erreichung einer bestimmten Linie
[...]
Herz verschließen gegen Mitleid. Brutales Vorgehen [...] Der
Stärkere hat das Recht.
Größte Härte [...]
Restlose Zertrümmerung Polens [...] Verfolgung bis zur völligen
Vernichtung.

**Aus Anmerkungen des Oberbefehlshabers Ost,
Johannes von Blaskowitz (6. Februar 1940)**

Es ist abwegig, einige 10 000 Juden und Polen, so wie es augen-
blicklich geschieht, abzuschlachten; denn damit werden angesichts der Masse der Bevölkerung weder die polnische Staatsidee
totgeschlagen noch die Juden beseitigt. Im Gegenteil, die Art und
Weise des Abschlachtens bringt größten Schaden mit sich, kom-
pliziert die Probleme und macht sie viel gefährlicher, als sie bei
überlegtem und zielbewußtem Handeln gewesen wären. Die Aus-
wirkungen sind:
a) Der feindlichen Propaganda wird ein Material geliefert, wie es
wirksamer in der ganzen Welt nicht gedacht werden kann. Was
die Auslandssender bisher gebracht haben, ist nur ein winziger
Bruchteil von dem, was in Wirklichkeit geschehen ist. Es muß
damit gerechnet werden, daß das Geschrei des Auslandes stetig
zunimmt und größten politischen Schaden verursacht, zumal die
Scheußlichkeiten tatsächlich geschehen sind und durch nichts
widerlegt werden können [...]
d) Der schlimmste Schaden jedoch, der dem deutschen Volkskör-
per aus den augenblicklichen Zuständen erwachsen wird, ist die

Eine zuverlässige Auflistung aller Verbrechen der nationalsozialistischen Gewaltherrschaft ist
nicht möglich, was zum einen durch deren unvorstellbares Ausmaß und zum anderen durch die
Verquickung mit unmittelbaren Kriegshandlungen begründet ist. Aus der Ideologie vom «Her-
renmenschen» konnte der einzelne Soldat eine uneingeschränkte Verfügungsgewalt über «Untermenschen» ableiten. Der Männlichkeitskult des Faschismus beinhaltete sowohl den Mythos der
deutschen Mutter als auch die bedingungslose Unterwerfung der Frau unter den Mann. Verge-
waltigt und erschossen, eine Russin im besetzten Gebiet.

maßlose Verrohung und sittliche Verkommenheit, die sich in kürzester Zeit unter wertvollem deutschen Menschenmaterial wie eine Seuche ausbreiten wird [...] Es besteht kein Zweifel, daß die polnische Bevölkerung, die alle diese Verbrechen wehrlos mit ansehen muß oder durch sie selbst betroffen und zur Verzweiflung getrieben, jede Aufruhr- und Rachebewegung fanatisch unterstützen wird. Weite Kreise, die niemals an einen Aufstand gedacht haben, werden jede Möglichkeit hierzu ausnützen und ihr als entschlossene Kämpfer zuströmen. Besonders die zahlreiche kleinbäuerliche Bevölkerung, die bei vernünftiger Behandlung und sachgemäßer deutscher Verwaltung ruhig und zufrieden für uns gearbeitet hätte, wird sozusagen mit Gewalt ins feindliche Lager getrieben.

Aus einer Denkschrift Heinrich Himmlers (Mai 1940)
Für die nichtdeutsche Bevölkerung des Ostens darf es keine höhere Schule geben als die vierklassige Volksschule. Das Ziel dieser Volksschule hat lediglich zu sein: Einfaches Rechnen bis höchstens 500, Schreiben des Namens, eine Lehre, daß es ein göttliches Gebot ist, dem Deutschen gehorsam zu sein und ehrlich, fleißig und brav zu sein. Lesen halte ich nicht für erforderlich.

Aus einem Befehl Wilhelm Keitels, Chef des Oberkommandos der Wehrmacht (1. Oktober 1940)
Die Überfälle auf Wehrmachtsangehörige, die in der letzten Zeit in den besetzten Gebieten erfolgten, geben Veranlassung, darauf hinzuweisen, daß es angebracht ist, daß die Militärbefehlshaber ständig über eine Anzahl Geiseln der verschiedenen politischen Richtungen verfügen, und zwar
1. nationalistische,
2. demokratisch-bürgerliche und
3. kommunistische.
Es kommt dabei darauf an, daß sich darunter bekannte führende Persönlichkeiten oder deren Angehörige befinden, deren Namen zu veröffentlichen sind.

Je nach der Zugehörigkeit des Täters sind bei Überfällen Geiseln der entsprechenden Gruppe zu erschießen.

Mit dem Erlaß vom 13. Mai 1941 zur Ausübung der Kriegsgerichtsbarkeit im besetzten Gebiet der Sowjetunion wurde der Wehrmacht «ausdrücklich verboten», verdächtige Täter zu «verwahren». Frauen und Kinder genießen keinen deklarierten Schutz. Ein Angehöriger der Feldgendarmerie, im Landserjargon «Kettenhunde» genannt, erschießt «verdächtige Täter».

Als Vergeltung für das Attentat auf Heydrich, bei dem der «Reichsprotektor für Böhmen und Mähren» getötet wurde, «liquidieren» auf persönlichen Befehl Hitlers am 9. und 10. Juni 1942 Angehörige der Wehrmacht, der Polizei und des Sicherheitsdienstes die tschechische Bergarbeitersiedlung Lidice bei Kladno. 183 männliche Einwohner werden erschossen, 195 Frauen kommen ins KZ bzw. ins Gefängnis, 90 Kinder werden «zur Eindeutschung» an SS-Familien gegeben. Alle Gebäude werden gesprengt.

133

Aus dem Tagebuch Franz Halders, Chef des Generalstabes des Heeres, über Ausführungen Hitlers (30. März 1941)

Kampf zweier Weltanschauungen gegeneinander. Vernichtendes Urteil über Bolschewismus, ist gleich soziales Verbrechertum, Kommunismus ungeheure Gefahr für die Zukunft. Wir müssen von dem Standpunkt des soldatischen Kameradentums abrücken. Der Kommunismus ist vorher kein Kamerad und nachher kein Kamerad. Es handelt sich um einen Vernichtungskampf [...] Der Kampf muß geführt werden gegen das Gift der Zersetzung. Das ist keine Frage der Kriegsgerichte. Die Führer der Truppe müssen wissen, worum es geht. Sie müssen in dem Kampf führen. Die Truppe muß sich mit den Mitteln verteidigen, mit denen sie angegriffen wird [...] Der Kampf wird sich sehr unterscheiden vom Kampf im Westen. Im Osten ist Härte mild für die Zukunft [...]

Die Führermaschinerie des russischen Reiches muß zerschlagen werden. Im großrussischen Bereich ist Anwendung brutalster Gewalt notwendig.

Aus dem Erlaß Hitlers über die künftige Kriegsgerichtsbarkeit in der Sowjetunion (13. Mai 1941)

I. Behandlung von Straftaten feindlichster Zivilpersonen

1. Straftaten feindlichster Zivilpersonen sind der Zuständigkeit der Kriegsgerichte und der Standgerichte bis auf weiteres entzogen.

2. Freischärler sind durch die Truppe im Kampf oder auf der Flucht schonungslos zu erledigen.

3. Auch alle anderen Angriffe feindlicher Zivilpersonen gegen die Wehrmacht, ihre Angehörigen und das Gefolge sind von der Truppe auf der Stelle mit den äußersten Mitteln bis zur Vernichtung des Angreifers niederzukämpfen.

4. Wo Maßnahmen dieser Art versäumt wurden oder zunächst nicht möglich waren, werden tatverdächtige Elemente sogleich einem Offizier vorgeführt. Dieser entscheidet, ob sie zu erschießen sind.

Gegen Ortschaften, aus denen die Wehrmacht hinterlistig oder heimtückisch angegriffen wurde, werden unverzüglich auf Anordnung eines Offiziers kollektive Gewaltmaßnahmen durchgeführt, wenn die Umstände eine rasche Feststellung einzelner Täter nicht gestatten [...]

In der serbischen Stadt Pancevo werden noch vor der Kapitulation Jugoslawiens am 17. April 1941 zwei Angehörige der SS erschossen. Als Vergeltung dafür werden am 22. April vom Wehrmachtsregiment «Großdeutschland» 18 wahllos ausgesuchte Einwohner des Ortes gehängt, weitere 18 werden erschossen. Die Leichen der Hingerichteten werden zur Abschreckung drei Tage lang ausgestellt.

In Frankreich werden während der vier Jahre dauernden Besatzungszeit etwa 30 000 Geiseln hingerichtet. Erschießung einer Geisel auf dem Schießstand von Vincennes.

II. Behandlung der Straftaten von Anghörigen der Wehrmacht und des Gefolges gegen Landeseinwohner
1. Für Handlungen, die Angehörige der Wehrmacht und des Gefolges gegen feindliche Zivilpersonen begehen, besteht kein Verfolgungszwang, auch dann nicht, wenn die Tat zugleich ein militärisches Verbrechen oder Vergehen ist.

Aus dem «Kommissar-Befehl» des Oberkommandos der Wehrmacht (6. Juni 1941)
Im Kampf gegen den Bolschewismus ist mit einem Verhalten des Feindes nach den Grundsätzen der Menschlichkeit oder des Völkerrechts nicht zu rechnen. Insbesondere ist von den politischen Kommissaren aller Art, den eigentlichen Trägern des Widerstandes, eine haßerfüllte, grausame und unmenschliche Behandlung unserer Gefangenen zu erwarten.
Die Truppe muß sich bewußt sein:
1. In diesem Kampf ist Schonung und völkerrechtliche Rücksichtnahme diesen Elementen gegenüber falsch. Sie sind eine Gefahr für die eigene Sicherheit und die schnelle Befriedung der eroberten Gebiete.
2. Die Urheber barbarisch asiatischer Kampfmethoden sind die politischen Kommissare. Gegen diese muß daher sofort und ohne weiteres mit aller Schärfe vorgegangen werden.
Sie sind daher, wenn im Kampf oder Widerstand ergriffen, grundsätzlich sofort mit der Waffe zu erledigen.

Aus einer Anordnung des Oberkommandos der Wehrmacht (8. September 1941)
Der Bolschewismus ist der Todfeind des nationalsozialistischen Deutschland. Zum ersten Male steht dem deutschen Soldaten ein nicht nur soldatisch, sondern auch politisch im Sinne des Völker zerstörenden Bolschewismus geschulter Gegner gegenüber. Der Kampf gegen den Nationalsozialismus ist ihm in Fleisch und Blut übergegangen. Er führt ihn mit jedem ihm zu Gebote stehenden Mittel: Sabotage, Zersetzungspropaganda, Brandstiftung, Mord. Dadurch hat der bolschewistische Soldat jeden Anspruch auf Behandlung als ehrenhafter Soldat und nach dem Genfer Abkommen verloren [...]
Rücksichtsloses und energisches Durchgreifen bei den gering-

Im Frühjahr 1943 soll das Warschauer Ghetto, in dem nach der Deportation von 300 000 Juden in die Vernichtungslager noch etwa 75 000 Menschen verblieben sind, endgültig geräumt werden. Die einrückenden deutschen Einheiten werden am 19. April vom jüdischen Widerstand überrascht. SS-, Polizei- und Wehrmachtseinheiten setzen daraufhin das Ghetto in Brand. Die Aufständischen kämpfen bis Mitte Mai, 7000 der Überlebenden werden bei der Kapitulation sofort erschossen, etwa 50 000 werden in Vernichtungs- und Arbeitslager deportiert.

sten Anzeichen von Widersetzlichkeit, insbesondere gegenüber bolschewistischen Hetzern, ist daher zu befehlen. Widersetzlichkeit, aktiver oder passiver Widerstand muß sofort mit der Waffe (Bajonett, Kolben und Schußwaffe) restlos beseitigt werden [...] Wer zur Durchsetzung eines gegebenen Befehls nicht oder nicht energisch genug von der Waffe Gebrauch macht, macht sich strafbar. Auf flüchtige Kr. Gef. (Kriegsgefangene) ist sofort ohne vorherigen Haltruf zu schießen. Schreckschüsse dürfen niemals abgegeben werden.

Aus Keitels «Geiselmord-Befehl» (16. September 1941)
1.) Seit Beginn des Feldzuges gegen Sowjetrußland sind in den von Deutschland besetzten Gebieten allenthalben kommunistische Aufstandsbewegungen ausgebrochen. Die Formen des Vorgehens steigern sich von propagandistischen Maßnahmen und

Anschlägen gegen einzelne Wehrmachtsangehörige bis zu offenem Aufruhr und verbreitetem Bandenkrieg [...]

2.) Die bisherigen Maßnahmen, um dieser allgemeinen kommunistischen Aufstandsbewegung zu begegnen, haben sich als unzureichend erwiesen. Der Führer hat nunmehr angeordnet, daß überall mit den schärfsten Mitteln einzugreifen ist, um die Bewegung in kürzester Zeit niederzuschlagen [...]

3.) Hierbei ist nach folgenden Richtlinien zu verfahren:

a) Bei jedem Vorfall der Auflehnung gegen die deutsche Besatzungsmacht, gleichgültig wie die Umstände im einzelnen liegen mögen, muß auf kommunistische Ursprünge geschlossen werden.

b) Um die Umtriebe im Keime zu ersticken, sind beim ersten Anlaß unverzüglich die schärfsten Mittel anzuwenden, um die Autorität der Besatzungsmacht durchzusetzen und einem weiteren Umsichgreifen vorzubeugen. Dabei ist zu bedenken, daß ein Menschenleben in den betroffenen Ländern vielfach nichts gilt und eine abschreckende Wirkung nur durch ungewöhnliche Härte erreicht werden kann. Als Sühne für ein deutsches Soldatenleben muß in diesen Fällen im allgemeinen die Todesstrafe für 50–100 Kommunisten als angemessen gelten. Die Art der Vollstreckung muß die abschreckende Wirkung noch erhöhen.

Aus einer geheimen Weisung des Militärbefehlshabers in Frankreich, Otto von Stülpnagel
(28. September 1941)

Wenn sich ein Vorfall ereignet, der es [...] notwendig macht, Geiseln zu erschießen, muß die Erschießung dem Anlaß unverzüglich anfolgen. Die Bezirkschefs haben daher für ihre Bezirke aus dem Gesamtbestand an Häftlingen (Geiseln) diejenigen auszuwählen, die praktisch für eine Exekution in Frage kommen können, und sie in eine Geiselliste aufzunehmen [...]

Bei der Auswahl ist zu berücksichtigen, daß die abschreckende Wirkung der Erschießung von Geiseln auf die Attentäter selbst und diejenigen Personen, die in Frankreich oder im Ausland als Auftraggeber oder durch ihre Propaganda die geistige Verantwortung für Terror- und Sabotagehandlungen tragen, um so größer ist, je mehr bekannte Personen erschossen werden [...]

Bei der Bestattung der Leichen ist zu vermeiden, daß durch die
gemeinschaftliche Beerdigung einer größeren Anzahl im gleichen

Friedhof Stätten geschaffen werden, die jetzt oder später Anknüpfungspunkte für eine deutschfeindliche Propaganda bilden könnten.

Aus dem Kriegstagebuch der 6. Armee (7. Dezember 1941)
Die Armee meldet der Heeresgruppe, daß im Armeebereich das Partisanenwesen so gut wie beseitigt ist. Sie schreibt dies den rigorosen Maßnahmen zu, die angewandt wurden. Neben den eigentlichen Partisanen wurden auch die vielen, ohne Ausweis im Lande herumstreichenden Elemente beseitigt, hinter denen sich die Agenten und der Nachrichtendienst der Partisanen verbergen. Im Zuge dieser Aktion sind im Armeebereich mehrere Tausend öffentlich erhängt und erschossen worden. Der Tod durch den Strang wirkt erfahrungsgemäß besonders abschreckend. In Charkow sind mehrere Hundert Partisanen und verdächtige Elemente in der Stadt aufgehängt worden. Die Sabotageakte haben seitdem aufgehört. Als Erfahrung ist festzustellen: Nur solche Maßnahmen führen zum Ziel, vor denen die Bevölkerung noch mehr Furcht hat als vor dem Terror der Partisanen.

Wegen enormer Probleme bei der Versorgung der vorrückenden Einheiten mit Lebensmitteln werden noch im Sommer 1941, kurz nach dem Einmarsch in die Sowjetunion, «besondere Anordnungen für die Versorgung» erlassen, die dazu auffordern, «daß die Truppe soweit wie irgend möglich aus dem Lande lebt. Jede Gelegenheit hierzu ist auszunützen». In der Sprache der Propaganda wird diese Form der Plünderung verharmlosend «Selbstversorgung der Truppe» genannt.

Aus einer Weisung des Befehlshabers der U-Boote, Karl Dönitz (17. September 1942)

1) Jeglicher Rettungsversuch von Angehörigen versenkter Schiffe, also auch Auffischen von Schwimmenden und Anbordgabe auf Rettungsboote, Aufrichten gekenterter Rettungsboote, Abgabe von Nahrungsmitteln und Wasser, haben zu unterbleiben. Rettung widerspricht den primitivsten Forderungen der Kriegführung nach Vernichtung feindlicher Schiffe und Besatzungen [...]
4) Hart sein. Daran denken, daß der Feind bei seinen Bombenangriffen auf deutsche Städte auf Frauen und Kinder keine Rücksicht nimmt.

Aus Hitlers «Kommando-Befehl» (18. Oktober 1942)

Von jetzt ab sind alle bei sogenannten Kommandounternehmungen in Europa oder in Afrika von deutschen Truppen gestellte Gegner, auch wenn es sich äußerlich um Soldaten in Uniform oder Zerstörertrupps mit oder ohne Waffen handelt, im Kampf oder auf der Flucht bis auf den letzten Mann niederzumachen. [...] Selbst wenn diese Subjekte bei ihrer Auffindung scheinbar Anstalten machen sollten, sich gefangen zu geben, ist ihnen grundsätzlich jeder Pardon zu verweigern.

Aus dem Befehl Keitels zur Brutalisierung der Partisanenbekämpfung (16. Dezember 1942)

1. Der Feind setzt im Bandenkampf fanatische, kommunistisch geschulte Kämpfer ein, die vor keiner Gewalttat zurückschrecken. Es geht hier mehr denn je um Sein oder Nichtsein. Mit soldatischer Ritterlichkeit oder mit den Vereinbarungen in der Genfer Konvention hat dieser Kampf nichts mehr zu tun.

Wenn dieser Kampf gegen die Banden sowohl im Osten wie auf dem Balkan nicht mit den allerbrutalsten Mitteln geführt wird, so reichen in absehbarer Zeit die verfügbaren Kräfte nicht mehr aus, um dieser Pest Herr zu werden.

Die Truppe ist daher berechtigt und verpflichtet, in diesem Kampf ohne Einschränkung auch gegen Frauen und Kinder jedes Mittel anzuwenden, wenn es nur zum Erfolg führt.

Rücksichten, gleich welcher Art, sind ein Verbrechen gegen
das deutsche Volk.

Aus Feldpostbriefen bzw. Geständnissen deutscher Soldaten in sowjetischer Kriegsgefangenschaft

Gefreiter Ludwig B., 10. leichte Infanterie-Kolonne, Infanterie-Divisions-Kolonne 296, 296. Infanterie-Division. 6. Armee, Heeresgruppe Süd, Kiew

Wir sind jetzt nicht mehr eingesetzt. Ich glaube nicht, daß wir noch mal dazu kommen werden. Aber es ist auch so noch überall gefährlich durch die vielen Minen. Die Stadt brennt schon acht Tage, alles machen die Juden. Darauf sind die von 14 bis 60 Jahre alten Juden erschossen worden, und es werden auch noch die Frauen der Juden erschossen, sonst wird's nicht Schluß damit.

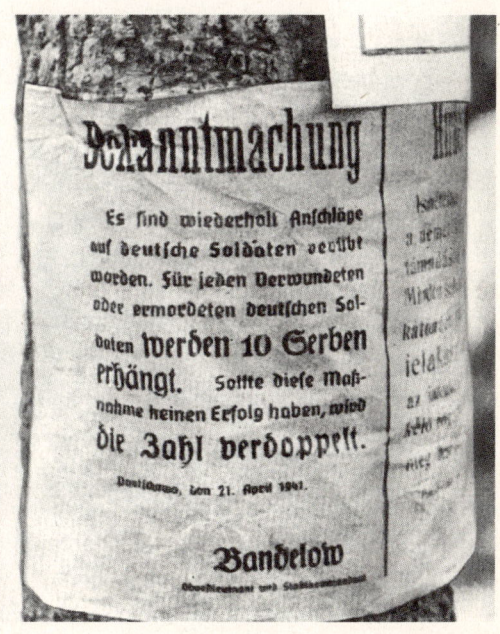

Noch vor dem «Geiselmord-Befehl» vom 14. September 1941 wird die Bevölkerung im besetzten Serbien mit völker- und kriegsrechtswidrigen Vergeltungsaktionen bedroht.

141

Hermann ..., Stab II. Bataillon/Infanterie-Regiment 38
(16. Juli 1941)

Immer näher kommen wir an Moskau heran. Überall dasselbe Bild der Zerstörung. Viel machen die Russen selber kaputt. Das Volk lebt schwer in Elend, und was sonst über Rußland geschrieben wurde, ist nicht übertrieben. Alles was an Kommissaren usw. gefangen oder geschnappt wird, wird gleich erschossen.

Oberleutnant Julius v. E., Stab/Kraftwagen-Transport-
Regiment z. b. V. 984, Heeresgruppe Mitte

Was ich hier an Kriegsgefangenen zu sehen bekomme, das übertrifft noch das, was wir so hie und da in den Wochenschauen gesehen haben. Das sind einfach keine Menschen mehr! Das sind Tiere! Typen von Volksstämmen aus dem dunkelsten Osten Asiens! Also, es ist sicher, daß Väterchen Stalin alles zusammenkratzt, was er nur findet. Das sind aber auch keine richtigen Soldaten! Das ist nur mehr von den Kommissaren vorgetriebenes Kanonenfutter!

Soldat Günter Drechsel, 5. Kompanie/Artillerie-Regiment 195,
95. Infanterie-Division

Im Juli 1941 lag unsere Division kurz vor Shitomir. In der Truppe verbreitete sich das Gerücht, daß in einer nahen Ortschaft, ca. 80 km westlich Shitomir, ca. 200 Personen hingerichtet werden sollten. Zum größten Teil Juden, weil sie angeblich deutsche Soldaten mißhandelt hätten. Ich habe mir diese Massenhinrichtung einige Minuten mit angesehen, es war schauderhaft. Alle mußten selbst ihr Grab schaufeln und wurden dann von Soldaten der 95. I. D. und einer SS-Einheit erschossen. Bis spät in die Nacht hinein war das Gewehrfeuer der Exekution zu hören. Den Befehl zu dieser Greueltat gab General Sixt von Arnim, Kdr. der 95. I. D.

Oberfeldwebel Leo Mellart, 2. Kompanie/
Infanterie-Regiment 228, 101. Infanterie-Division

Vom 21.–28. August 1941 war ich auf der Krankensammelstelle Geisin bei Uman. Dort war gerade die Kesselschlacht beendet. Es kamen stündlich in das Durchgangslager Geisin 2000–3000 Gefangene, die dort gepflegt und weitergeleitet werden sollten.

Durch schlechte Organisation der deutschen Militärbehörden

Gleich in den ersten Tagen des Polenfeldzuges wird deutlich, daß sich die Kriegführung auch gegen die Zivilbevölkerung richtet. Die Wehrmacht ist verpflichtet, «reichsfeindliche Elemente» als «Insurgenten» (= Aufständische), wie im Bild bei Radom, festzusetzen. Zunächst bewahrt die Wehrmacht Distanz zu derlei Befehlen, so daß sich Heydrich darüber beklagt, daß es wegen «Unkenntnis der weltanschaulichen Gegnerlage» bei Stäben des Heeres zu Differenzen mit dem Sicherheitsdienst «über grundsätzliche Fragen der Staatsfeindbekämpfung» gekommen ist.

hatten sich am Abend des 27. August 1941 etwa 8000 Gefangene angesammelt. Es war keine Verpflegung für sie vorhanden, und sie wurden trotz großer Hitze auf einem etwa normalerweise 500−800 Personen fassenden Raum zusammengepfercht. Nachts erwachte ich durch Geschrei und Schießen. Ich ging hinaus und konnte feststellen, daß die in der Nähe stehenden 2- oder 3-Flak-Batterien mit jeweils 4 8,3-cm-Geschützen direkt auf die in dem Speicher befindlichen Gefangenen geschossen hatten, weil dieselben angeblich ausbrechen wollten. Für diese Gemeinheit zeichnet, wie man mir damals sagte, der Stadtkommandant von Geisin verantwortlich. Wie ich später von den Wachmannschaften erfuhr, sind durch dieses Verbrechen zwischen 1000 und 1500 Mann getötet oder schwer verwundet worden.

Heinz Feuer, 2. Kompanie/Z. b. V. 500

Bei Pilpaswoka, ungefähr 16 km südl. Slowiansk, kamen wir ohne Unterstützung schwerer Waffen nicht mehr vorwärts. Da solche unserem Bataillon nicht mehr zur Verfügung standen,

wurden auf Befehl des Bataillonskommandeurs, ebenfalls einem
strafversetzten Offizier aus dem Führer-Hauptquartier, sämtliche
Frauen u. Kinder, auch Greise, als Kugelfang vor uns hergetrie-
ben. Es waren ungefähr 800 Personen aus 2 umliegenden Dörfern
zusammengetrieben. Von diesen blieben etwa 2 Drittel als Tote
und Verwundete auf dem Schlachtfeld liegen. Wir hörten noch
die ganze Nacht das Schreien der Schwerverletzten, durften aber
keinerlei Hilfe bringen, da sie angeblich aus Häusern vorher auf
uns geschossen hatten.

**Gefreiter Werner F., 4. Kompanie / Flak-Maschinengewehr-
Bataillon (schw.) mot. Z 52, bei 12. Panzer-Division,
Heeresgruppe Nord, Leningrad, Tichwin (30. Oktober 1941)**
In den vergangenen Tagen sahen wir häufig große Gefangenen-
kolonnen. Wenn man diese Horden sieht, muß man sich immer
wieder sagen, wie furchtbar es gewesen wäre, wenn diese tieri-
sche Soldateska in Deutschland eingefallen wäre. Wir haben uns
letzthin auf M.G.-Posten öfter darüber unterhalten. Diese Kerle
in unserem schönen zivilisierten Deutschland würden wie von
der Hölle in den Himmel kommen und sicher alles zerstören und
besudeln. Ganz abgesehen von der entsetzlichen Gefahr für unsere Frauen und Mädchen. – Aber diese Gefahr ist ja Gott sei
Dank in letzter Minute abgewandt worden.

Gefreiter Hans J., Marsch-Bataillon, Gomel
Langsam, langsam aber sicher kommen wir der Front näher. Von
Minsk bis hier war eine Fahrt mit Hindernissen, denn unterwegs
mußten wir 24 Stunden halten, da die Gleise von den Partisanen
gesprengt waren. Vier von den Burschen sind geschnappt worden. Du kannst Dir wohl ungefähr vorstellen, wie diese Halun-
ken von den Landsern bearbeitet worden sind, bevor die Gen-
darmen zum Verhör eintrafen, na – und dann sind die erst recht
bearbeitet worden. Anschließend wurden dann die umliegenden
Dörfer, aus denen diese Burschen kamen, ein bißchen unter die
Lupe genommen, und als wir dann gegen 19 Uhr am 3. wieder los-
fuhren, wurde unser Weg ein ganzes Stück vom Feuerschein der
brennenden Dörfer begleitet. Sah ganz nett aus, und man nahm
es ohne Aufregung hin.

Seit dem 25. September 1941 gilt die von der Wehrmacht erlassene «Richtlinie für die Aufrecht-
erhaltung der Ruhe und Ordnung im Ostland». Sie verpflichtet «neben der Wehrmacht und der
Polizei [...] alle im besetzten Gebiet befindlichen deutschen Organisationen und Einzelpersonen
an der Unschädlichmachung» von Partisanen, Kommunisten und Juden mitzuwirken. Allein von
Oktober bis Dezember 1941 ist das 727. Infanterieregiment im Raum südlich von Minsk an sechs
Massenexekutionen beteiligt, bei denen mindestens 20 000 Menschen erschossen werden.

Im Oktober 1941 werden in Minsk von Stabsoffizieren der 707. Infanteriedivision zwei Männer
und eine Frau als Partisanen öffentlich und ohne Gerichtsverhandlung erhängt.

5. DIE GENERÄLE

Erich Raeder, Erich von Manstein, Franz Halder und Albert Kesselring: Vier Namen, vier Generäle, vier Männer mit unterschiedlicher Haltung zum NS-Regime, stellvertretend für die Elite der Wehrmacht. Was taten, was wußten sie? Wie konnte es dazu kommen, daß sich die militärische Führung nahezu bedingungslos dem Willen des «Führers» unterordnete? Was wußten sie von Verbrechen? Wo ordneten sie selbst Übergriffe gegen die Zivilbevölkerung an? Inwieweit ließen sie sich für den nationalsozialistischen Vernichtungskrieg instrumentalisieren, wo leisteten sie Widerstand?

Großadmiral Erich Raeder, der Loyale. Der Chef der Seekriegsleitung rühmte sich noch in seiner Abschiedsrede, es sei ihm gelungen, «im Jahre 1933 die Marine geschlossen und reibungslos dem Führer in das Dritte Reich zuzuführen». Selbst nach seiner Entlassung im Jahre 1943 änderte sich an dieser Haltung nichts: Fast unterwürfig versicherte er Hitler nach dem gescheiterten Attentat vom Juli 1944 seine Treue. Die Richter von Nürnberg verurteilten Raeder wegen Kriegsverbrechen und der Führung eines Angriffskrieges zu lebenslanger Haft. 1955 wurde er aus Gesundheitsgründen aus der alliierten Haftanstalt Spandau entlassen.

General Erich von Manstein, der Stratege. Sogar britische Quellen bezeichneten ihn, den Erfinder des «Sichelschnitt-Plans» gegen Frankreich, voller Respekt als genialen Militär. Doch zugleich werden ihm Massaker an Zivilisten während der Eroberung der Krim vorgeworfen. Vom Widerstand hielt er sich fern. Schlagzeilen machte nach dem Krieg der Prozeß gegen ihn vor einem britischen Kriegsverbrechertribunal. Nach seiner vorzeitigen Entlassung aus britischer Haft wurde der Stratege erneut zum Idol – diesmal in Kreisen von Soldatenverbänden.

Franz Halder, der Zauderer. Generalstabschef wurde er nach eigenen Worten nur, «um Widerstand gegen Hitler zu leisten». Halder war kein Anhänger des Regimes, doch zum offenen Widerstand konnte er sich nicht durchringen. Ein Attentatsversuch ließ er vorzeitig abbrechen, und auch nach seiner Entlassung 1942 lehnte er eine offene Zusammenarbeit mit Widerstandskreisen ab. Nach dem Bombenanschlag auf Hitler 1944 wurde Halder mit Frau und Tochter verhaftet und kam nach Dachau. Im Mai 1945 wurde er nach seiner Evakuierung durch die SS von amerikanischen Truppen befreit.

Albert Kesselring, der Macher. Die Managerqualitäten Kesselrings wurden beim Aufbau der Luftwaffe dringend gebraucht. Er war mitverantwortlich für die Bombardierung Warschaus und die Angriffe auf Rotterdam. Seit Juni 1940 Feldmarschall, übernahm er den Oberbefehl im Süden. Doch auch dem «Macher» wurden nach Kriegsende Verbrechen zur Last gelegt: Im Frühjahr 1947 verurteilte ihn ein britisches Militärgericht wegen Geiselerschießungen zum Tode – ein Urteil, das später in lebenslange Haft umgewandelt wurde. Schon 1952 konnte er die britische Haftanstalt Werl als freier Mann verlassen.

Mythos Wehrmacht – das war zu einem großen Teil auch der Mythos, der die Generalität umgab. Die Diskussion über Schuld und Verantwortung ist bis heute noch nicht abgeschlossen.

Erich Raeder

Geboren am 24. April 1876 in Wandsbek, kommt der Sohn eines Lehrers 1894 zur kaiserlichen Marine. Drei Jahre später wird er Offizier. Während des Ersten Weltkriegs nimmt er an verschiedenen Seeschlachten, u. a. der am Skagerrak (1916), teil und erhält ein eigenes Kommando. Danach wechselt er in das Reichsmarineamt. Eine steile Karriere beginnt. Als Admiral wird er 1928 Chef der Marineleitung und modernisiert die Flotte.

Unter Hitler übernimmt Raeder den Oberbefehl über die Kriegsmarine, deren planmäßigen Ausbau er nach Abschluß des deutsch-englischen Flottenabkommens leitet. In England sieht er den Hauptgegner Deutschlands. Seit 1939 Großadmiral, wird er zum Initiator des Überfalls auf Norwegen. Anfänglich unterschätzt er die Bedeutung des U-Boot-Einsatzes, den er dann aber vor allem nach Kriegseintritt der USA (1941) zunächst erfolgreich gegen alliierte Handelsschiffe führt. Bei Hitler in Ungnade gefallen, nimmt er am 30. Januar 1943 seinen Abschied; dennoch versichert er dem «Führer» nach dem Attentat vom 20. Juli 1944 in einem unterwürfigen Brief seine unverbrüchliche Treue.

Im Juni 1945 wird Raeder zur Vernehmung nach Moskau gebracht, im November dem Internationalen Militärgerichtshof in Nürnberg überstellt. Der verurteilt ihn am 1. Oktober 1946 wegen Kriegsverbrechen sowie der Planung und Führung eines Angriffskrieges zu lebenslänglichem Gefängnis. Ab Juli 1947 wird er im alliierten Militärgefängnis in Spandau inhaftiert, aus Gesundheitsgründen im September 1955 entlassen.

Erich Raeder stirbt am 6. November 1960 an seinem Wohnort Lippstadt (Kreis Soest) und wird am 11. November in Kiel beigesetzt. Der Bundesminister der Verteidigung hatte angeordnet, daß das Ministerium bei der Trauerfeier nicht offiziell vertreten sein sollte, zugleich aber die Teilnahme des Inspekteurs der Marine, Ruge, sowie einiger Offiziere in Uniform genehmigt. Ruge,

In die Kriegsvorbereitungen ist auch das «Institut für Seegeltung» in Magdeburg einbezogen, das Raeder (vorn, Mitte) 1938 besucht. Bei Kriegsbeginn ist der Ausstattungsgrad der Kriegsmarine so unzureichend, daß Raeder enttäuscht äußert, sie könne im Einsatzfall nur «in Ehren untergehen».

der neben Raeder-Nachfolger Dönitz am Sarg spricht, nennt den Verstorbenen einen «Kameraden, der in seiner menschlichen und militärischen Haltung beispielhaft war, der hohe Verantwortung übernommen und getragen hat und der ein schweres Schicksal für die ganze von ihm geliebte Marine klaglos und würdig erduldet hat».

Zeitzeugen

**Kapitän zur See a. D. Rolf Güth, Ordonnanzoffizier im Stab
des Großadmirals Dönitz:**
Um Raeder in den dreißiger Jahren zu verstehen, muß man an
seine Haltung zu den Meutereien 1917/18 in der Marine denken.
Die Grundlage unseres Wiederaufbaus der Reichsmarine war gewissermaßen die Überwindung dieser Meutereien. Raeder ordnete eine viel schärfere Erziehung der Offiziere an. Die Offiziers-
anwärter mußten z. B. an den Kesseln und Feuern unten im
Maschinenraum arbeiten, genauso wie die Heizer, von denen ja
die Meutereien ausgegangen waren. Ein Kernsatz seiner Erziehung lautete: Charakter geht vor Leistung; nie wieder ein November 1918! Und ein anderer: Ein deutsches Kriegsschiff wird
sich nie wieder ergeben, es geht mit wehender Flagge unter. Und
so ist dann die ganze Kriegsmarine mit wehender Flagge unter-
gegangen.

**Kapitän zur See a. D. Werner Pfeiffer, 1940 Kommandant
auf dem Zerstörer «Hans Lodi», ab 1942 im Stab von Raeder:**
Er hat jeden Parteieinfluß vom Offizierskorps bis zum Schluß
ferngehalten. Und er war sehr bedacht auf die Moral unter den
Offizieren. Gab es z. B. Frauengeschichten, Liebschaften, Ehe-
schwierigkeiten, dann sagte er: «Was die Frau gemacht hat, ist
mir völlig gleichgültig; ich verlange, daß der Mann sich anständig aufführt.» Er hat immer seine Hand über die Offiziere gehalten, die nicht rein arisch waren. Sein einziger Nachteil war vielleicht, daß er ein wenig zu ehrgeizig war. Das ist ja auch der
Grund dafür, daß er so lange Oberbefehlshaber der Marine war.
Viele Kameraden hatten ihm in der Nazizeit den Rat gegeben:
Lassen Sie sich pensionieren, machen Sie das nicht mit! Aber er
hatte eben aus der Weimarer Zeit die Haltung beibehalten: Ich
mische mich in die politischen Dinge nicht ein; ich bin Ober-

Im Oktober 1939 wird Hitler durch Großadmiral Erich Raeder darauf hingewiesen, daß es zur Führung des Seekriegs gegen England notwendig sei, daß Norwegen in deutscher Hand ist. Im Mai 1940 unterbreitet er seine Vorschläge zur Landung auf den Britischen Inseln, worauf Ende Juni/Anfang Juli die Kanalinseln Jersey, Guernsey und Alderney okkupiert werden. Als Oberbefehlshaber der Kriegsmarine nimmt Raeder (vorn, links) den Lagevortrag eines Stabsoffiziers entgegen.

befehlshaber der Marine und sorge dafür, daß die in Ordnung bleibt.

Sehr enttäuscht war er, als Hitler den Krieg anfing, ohne über eine schlagkräftige Marine zu verfügen. Mit dem Aufbau der Marine hatte man ja gerade erst begonnen. Die großen Schiffe waren damals zum größten Teil noch im Bau. Die «Bismarck» ist z. B. erst 1941 fertig geworden. Die «Tirpitz» und «Prinz Eugen» waren noch in der Erprobung. Dazu kamen dann noch die großen Verluste im ersten Kriegsjahr bei der Besetzung Norwegens; die Hälfte unserer ganzen Zerstörerbereitschaft war betroffen.

Aus dieser Situation heraus ist Raeders berühmt gewordener Satz zu verstehen, den er bei Ausbruch des Krieges sagte: «Die Marine kann jetzt nur zeigen, daß sie mit Anstand zu sterben versteht.»

Otto Kranzbühler, Verteidiger von Dönitz und Raeder während der Nürnberger Prozesse, war während des Krieges in der Rechtsabteilung des Oberkommandos der Marine:
Raeder beanstandete an Dönitz, daß dieser Hitler zu kritiklos bewunderte. Er selbst war Hitler gegenüber, also dem Staatsoberhaupt und Oberbefehlshaber der Wehrmacht, loyal. Ein Attentat auf Hitler war in der Marine überhaupt kein Diskussionsgegenstand. Es sind ja tatsächlich nur zwei Offiziere der Marine an den Ereignissen des 20. Juli beteiligt gewesen. Raeder hat das Attentat abgelehnt. 1944 stand der Krieg auf der Kippe; jetzt ein Attentat, das war für ihn Verrat. Generell würde ich sagen: Aufgrund der langen Weimarer Erziehung war Raeder vollkommen auf Loyalität gegenüber der Regierung eingeschworen, ob sie nun Ebert hieß oder Hindenburg oder Hitler.

Konteradmiral a. D. Helmut Neuss, Mitglied der Seekriegsleitung unter Großadmiral Raeder:
Raeder war nicht der Mann, der seine Untergebenen mitriß. Das lag nicht in seiner Natur. Im persönlichen Umgang hielt er auf Abstand. Er war ein ernster Mann, sehr penibel in allen dienstlichen Fragen; eine Persönlichkeit, der man großen Respekt entgegenbrachte. Ich halte es für ein besonderes Verdienst von Raeder, daß er großen Wert auf die Erziehung des Offizierskorps legte. Er verlangte, daß sich alle Offiziere vorbildlich benahmen, im Dienst und außer Dienst. Weiterhin muß man ihm hoch anrechnen, daß es ihm gelungen war, den Einfluß der Partei von der Marine fernzuhalten. Das war z. B. bei der Luftwaffe ganz anders. Natürlich war er Hitler gegenüber loyal eingestellt. Aber er war in keiner Weise ein Nationalsozialist. Das verbot schon seine religiöse Einstellung.

Wenn aber jemand Oberbefehlshaber der Marine ist, dann ist er natürlich in die Politik sehr eng eingebunden, ob er will oder nicht. Und Raeder hat sicherlich manche Dinge tun oder sagen müssen, die ihm innerlich widerstrebten. Aber ich habe immer

Zu den deutschen Kriegszielen im Osten gehört, den «russischen Riesenraum [...] wirtschaftlich und politisch [zu] beherrschen», um damit die Voraussetzung zu besitzen, «in Zukunft auch den Kampf gegen Kontinente zu führen» (Hitler). Um Möglichkeiten für die Versorgung der Kriegsmarine im Schwarzen Meer zu erkunden, trifft Raeder mit Spezialisten eines deutschen Schiffsbaukonzerns in der Werft von Nikolew an der Bug-Mündung zusammen.

das Gefühl gehabt, daß er nach dem Grundsatz handelte: Ich vertrete mein Ressort, ich vertrete es unter Umständen auch gegen die Meinung von Hitler, im übrigen aber überlasse ich alles andere ihm. Raeder und auch sein Nachfolger Dönitz haben nichts weiter getan, als der Politik die Möglichkeiten der militärischen Planung aufzuzeigen. Das war ihre Aufgabe. Und es gibt keinen General- oder Admiralstab der Welt, der etwas anderes tut.

Ob Raeder Antisemit war, weiß ich nicht. Ich weiß nur, daß er Offizieren half, denen Schwierigkeiten aufgrund des Rasseparagraphen drohten. Er deckte sie und behielt sie bei der Marine; in einigen Fällen half er ihnen sogar, ins Ausland zu gehen und dort eine Position zu bekommen. Das war in den dreißiger Jahren, also noch vor dem Kriege. Die allgemeine Auffassung in Deutschland war, daß der Nürnberger Prozeß ein Siegerprozeß war. Wir haben es als nicht zutreffend angesehen, daß Raeder wegen Vorbereitung eines Angriffskrieges verurteilt worden war. Wir waren aber zufrieden, daß die Seekriegsführung in allen Punkten, die etwaige Verstöße gegen das Völkerrecht betrafen, freigesprochen wurde. Es wurde anerkannt, daß der Seekrieg von unserer Seite nach den Regeln des Völkerrechts geführt worden war.

Marion Rausch-Stroomann, Enkelin:
Über sein Verhältnis zu Hitler hat er sehr wenig gesprochen. Es gibt einen Abschiedsbrief an meine Mutter, den er während des Nürnberger Prozesses schrieb. Es heißt darin u. a.: «Ich habe von all den Greueln nicht das geringste gewußt. Hitler verbarg das sorgfältig vor denen, die er als anständig kannte. Ich habe Hitler selbst immer für sauber und anständig gehalten und hörte das Schlimmste erst nach dem Zusammenbruch. Ich halte mich selbst für schuldlos, aber der Prozeß ist ja politisch und hat mit Recht und Gerechtigkeit nicht viel zu tun.»

Er hat nicht Adolf Hitler gedient, sondern Deutschland. Die Hitler-Ära war ja nur ein kleiner Abschnitt in seiner gesamten Dienstzeit, die noch im vorigen Jahrhundert unter dem Kaiser begann. Er machte unter Hitler oft von der Möglichkeit der Intervention Gebrauch, wandte sich an Hitler und setzte sich für einzelne Leute ein. Dabei war Loyalität der jeweiligen Regierung gegenüber immer die Grundlage seines Handelns. Loyal sein hieß für ihn aber nicht, daß er alles gut fand und akzeptierte. Aber er wäre dem Oberbefehlshaber der Wehrmacht, also Hitler, nie in den Rücken gefallen.

In seinem Schlußwort in Nürnberg sagte er:

«Ich habe als Soldat meine Pflicht getan, weil ich der Überzeugung war, dem deutschen Volk und Vaterland, für das ich gelebt habe und für das ich zu sterben jederzeit bereit bin, damit am besten zu dienen. Wenn ich mich irgendwie schuldig gemacht haben sollte, so höchstens in der Richtung, daß ich trotz meiner rein militärischen Haltung vielleicht nicht nur Soldat, sondern bis zu einem gewissen Grad auch Politiker hätte sein sollen, was mir aber nach meinem ganzen Werdegang und der Tradition der deutschen Wehrmacht widerstrebte. Dies wäre dann aber eine moralische Schuld gegenüber dem deutschen Volk und kann mich nie und nimmer zum Kriegsverbrecher stempeln. Es wäre keine Schuld vor einem Strafgericht der Menschen, sondern eine Schuld vor Gott.»

Fritz Erich von Manstein

Geboren am 24. November 1887 in Berlin als zehntes Kind des Generals Eduard von Lewinski, wird er schon bald von der kinder-
losen Schwester seiner Mutter und ihrem Mann, dem späteren
Generalleutnant Georg von Manstein, adoptiert. Das militärisch
geprägte Lebensumfeld seiner Kindheit und ein durch die Adop-
tion ausgelöster familiärer Legitimationskonflikt prädestinieren
ihn für eine Karriere in der Armee, die ihm als legaler und legiti-
mer Verband fortan die Familie ersetzt.

Generalfeldmarschall Fritz Erich von
Manstein im Jahre 1942 als Komman-
deur der Heeresgruppe Süd.

Im preußischen Kadettenkorps erzogen, wird Manstein 1906 Offizier. Während des Ersten Weltkriegs kämpft er an verschiedenen Frontabschnitten, wird verletzt und gelangt in Generalstabsstellungen. Danach wird er in die Reichswehr übernommen.

Der neue Eid auf Hitler ist für Manstein kein Problem, glaubt er doch weiterhin an die Unabhängigkeit der Armee. Er wechselt in den Generalstab des Heeres, wird Generalmajor und arbeitet am organisatorischen Aufbau des Kriegsheeres mit. Ebenso beteiligt er sich an den Vorbereitungen für den «Anschluß» Österreichs, die Annexion des Sudetenlandes und die Invasion in Polen.

Im November 1939 verfaßt Manstein für den Westfeldzug einen Gegenentwurf zum Offensivplan des Oberkommandos des Heeres, den er auch durchsetzen kann. Bereits im März 1941, in Vorbereitung des Ostfeldzuges, wird er General des LVI. Panzerkorps. Beim Vorrücken auf Leningrad will er nach eigener Aussage den «Kommissar-Befehl» boykottiert haben. Tatsächlich aber werden auch durch seine Truppen zahlreiche Kommissare erschossen.

Nach drei Monaten im Nordabschnitt wird Manstein das Kommando auf der Krim übertragen. Seine Verbände beteiligen sich dort ebenfalls am Mord an Juden, Krimchaken, Zigeunern und Partisanen. Im Januar 1942 läßt die 11. Armee etwa 1200 gefangene Zivilisten erschießen, über 3000 Rotarmisten werden dem SS-Sicherheitsdienst übergeben.

Manstein erhält den Marschallstab und den Auftrag, Leningrad einzunehmen. Ein sowjetischer Gegenangriff verhindert dies. Als Ergebnis der andauernden Belagerung verhungern über 800 000 Einwohner, bis die Stadt 1944 endgültig befreit wird. Manstein wird im November 1942 mit einem Heeresgruppenkommando betraut und soll die drohende Einschließung der 6. Armee in Stalingrad verhindern. Nach dem Scheitern ordnet er ganz im Sinne Hitlers an, unter allen Umständen die Stellung in der Stadt zu halten, den Untergang der dortigen Truppen einkalkulierend. Nach dem Abbruch der Sommeroffensive 1943 leitet Manstein die Abwehrkämpfe der Heeresgruppe Süd. Dabei werden die arbeitsfähigen Zivilisten hinter die Front verschleppt oder zur Zwangsarbeit nach Deutschland deportiert, die Gebiete verwüstet und ausgeplündert.

Der Befehlshaber der Heeresgruppe Süd inmitten seiner Truppen an der Front, 1942.

Nach Differenzen mit Hitler wird Manstein am 30. März 1944 entlassen. Als Dotation erhält er ein Gut, deren Pächter nach dem Attentat vom 20. Juli verhaftet worden waren. Auch Manstein war seinerzeit von der Widerstandsgruppe angesprochen worden, hatte aber eine Mitwirkung abgelehnt.

Am 26. August 1945 wird Manstein von der britischen Armee verhaftet. In Nürnberg sagt er als Zeuge vor dem Alliierten Militärgerichtshof aus. Ihm selbst gilt 1949 das letzte britische Verfahren gegen einen General der Wehrmacht. Er wird der Tötung von Kommissaren und versprengten Rotarmisten sowie von Zivilisten im Zuge von Vergeltungsmaßnahmen schuldig gesprochen und zu 18 Jahren Haft verurteilt. Mehrere Politiker, selbst Winston Churchill, setzen sich für ihn ein. Nach einer Reihe von befristeten Haftverschonungen aus Gesundheitsgründen wird Manstein am 7. Mai 1953 entlassen. Eine echte Distanzierung vom Nationalsozialismus, dessen Eroberungs- und Vernichtungskriege er an verantwortlicher Stelle vertrat, bleibt in seinen Erinnerungsbüchern ausgespart.

Erich von Manstein stirbt am 10. Juni 1973 in Irschenhausen bei München.

Zeitzeugen

Rüdiger von Manstein, Sohn:
Den Ersten Weltkrieg beurteilte mein Vater als ein völliges Versagen der Führungskräfte nicht nur in Deutschland, so daß ein Krieg entstanden war, der vermeidbar gewesen wäre und den die Soldaten am Ende auszubaden hatten. Für ihn brach mit dem Untergang des Kaisertums eine Welt zusammen, aber ihm war von Anfang an klar, daß das kein endgültiger Untergang war, daß man sich auf die neuen Verhältnisse positiv einstellen mußte und nicht alten Zeiten träumerisch nachhängen durfte.

Dem großen und ständig wachsenden Einfluß der Partei, der Vermischung von Partei- und Staatsämtern in Hitlers Plänen stand er ablehnend gegenüber. Aber er fühlte sich sicherlich angesprochen von dem Postulat einer auf sozialen Ausgleich, soziale Gerechtigkeit ausgerichteten Politik, ebenso von der Kritik an der Weimarer Republik, deren Parlament schon bei den kleinsten Problemen nicht mehr zu einem Kompromiß fand, ganz zu schweigen von den elementaren Problemen der Wirtschaftskrise und der großen Arbeitslosigkeit. Mit Hitler und der NSDAP verband sich für viele, wohl auch für Manstein, die Hoffnung, daß endlich wieder eine handlungsfähige Regierung und ein rechtmäßiger Zustand herbeigeführt werden würden.

Über die Frage des Attentats haben wir natürlich gesprochen. Er sah neben der grundsätzlichen Berechtigung, die Verhältnisse ändern zu wollen, und der Ehrenhaftigkeit derjenigen, die am 20. Juli ihr Leben gewagt hatten, seine frühere Ansicht bestätigt, daß ein solcher Umsturzversuch chancenlos war. Die Frage der Ehre ist natürlich in der Heimat eine andere als an der Front, wo man von morgens bis abends im verzweifelten Abwehrkampf gegen einen übermächtigen Gegner steht und eine direkte Verantwortung für Hunderttausende von Menschen hat.

**Philipp Freiherr von Boeselager, Ordonnanzoffizier
bei Feldmarschall von Kluge, der Widerstandsgruppe
20. Juli zuzurechnen:**

Manstein war der überragendste Stratege, den die deutsche Wehrmacht hatte. Er war sehr gebildet, niemand, der auf zackiges Auftreten Wert legte, kein Kommißkopf, eher schon so etwas wie ein Gelehrtentyp, mit großen Konzeptionen, rhetorischer Begabung und einem unglaublichen Gedächtnis. Seine Art war, wirklich zu führen, also nicht an der Front die örtlichen Gefechte zu leiten, sondern von vornherein jeden einzelnen Schritt zu planen, alle Reaktionsmöglichkeiten des Gegners vorauszuberechnen. Er verfolgte immer die Strategie, die Kräfte bis zum letzten Augenblick zurückzuhalten und erst dann loszuschlagen, wenn der Erfolg sicher schien. So hatte er es in Frankreich getan, und so wollte er es auch wieder in Rußland versuchen. Aber Hitler hatte nicht die Geduld und die Nerven, solche Risiken einzugehen; er war auch gar nicht in der Lage, Mansteins Gedankengänge einzuschätzen. Ich vermute, wenn Manstein im Osten freie Hand gehabt hätte, wäre der Krieg nicht so ausgegangen.

Er hat letztlich Hitler nie widersprochen. Wir wissen aus der Geschichte, und ich weiß es auch persönlich, daß Tresckow und Stauffenberg ihn für ihre geplante Verschwörung gewinnen wollten. Aber Manstein hat sich verweigert, obwohl er wußte, wie schlecht die Kriegslage war. Er schätzte Hitler falsch ein und hatte bis zum Schluß die Hoffnung, Hitler würde ihn rufen, wenn es ganz schlimm käme, und er, Manstein, würde dann als Retter des Vaterlandes in die Geschichte eingehen. Er fühlte sich unsicher in der Politik und wollte sich da nicht entscheiden. Tresckow und Stauffenberg haben ganz offen mit ihm gesprochen. Am Ende sagt er zu den beiden: «Ich danke Ihnen für Ihren Besuch, Kritik ist das Salz des Gehorsams.» Nun ging das, was Tresckow und Stauffenberg vorhatten, natürlich weit über Kritik hinaus, aber Manstein wollte ihnen mit einem Satz signalisieren, daß er sie niemals denunzieren würde.

Als man ihm von den Greueltaten hinter seiner Front berichtete, daß Juden und Zigeuner zu Tausenden getötet wurden, wollte er das einfach nicht hören. Aber als Feldmarschall hätte er eigentlich auch die Verantwortung übernehmen müssen für alle Fehler und Verbrechen hinter der Front. Das hätte von ihm aber eine politische Entscheidung gegen Hitler verlangt, und dazu war er nicht in der Lage. Er wäre höchstwahrscheinlich abgesetzt und in Ungnade verabschiedet worden. Aber Hitler hätte sicherlich nicht gewagt, ihn umzubringen. Der Soldat riskierte jeden Tag seinen Kopf, der Feldmarschall hätte es erst recht tun müssen. Die Generäle haben nicht militärisch versagt, im Gegenteil, sie waren militärisch hervorragend, viel besser als im Ersten Weltkrieg. Sie waren tapfer, sie waren vorn an der Front, aber politisch haben sie versagt. Sie hätten neben der militärischen auch die politische Führung übernehmen müssen, denn im Krieg waren sie die einzigen, die dazu in der Lage waren.

General a. D. Johann Adolf Graf von Kielmansegg, Mitglied des Generalstabes im Oberkommando des Heeres, wurde nach dem Hitler-Attentat vom 20. Juli als Mitverschwörer verhaftet, Mitbegründer der Bundeswehr, später Oberbefehlshaber der Streitkräfte Europa Mitte:
Wenn man in der deutschen Militärgeschichte nach Leuten sucht, die über das «normale» hervorragende Können hinausragen, so findet man seit 1870 vielleicht fünf oder sechs. Da gab es Moltke, dann Schlieffen, Ludendorff, und da gab es im Zweiten Weltkrieg Manstein und General Heusinger. Nehmen wir z. B. Mansteins Vorgehen am Don, die genialste Operation des ganzen Krieges. Das Entscheidende war hier die ungeheure Kühnheit, an einem Frontabschnitt sich seiner Kräfte vollständig zu entblößen, um dann an einer anderen Stelle, wo der Feind es gar nicht vermutete, anzugreifen. Selbst Hitler war sehr erstaunt und ließ Manstein ohne Dazwischenreden gewähren. Hitler war sich vollständig über Mansteins Qualitäten im klaren und fürchtete ihn als potentiellen Konkurrenten. Daß Manstein nie ganz nach oben kam, lag einzig und allein an Hitler.

Es wird oft gefragt, warum riefen Manstein und andere Feldmarschälle nach Stalingrad nicht zum offenen Widerstand, zum Umsturz auf? Die Antwort heißt: Sie hatten Angst vor dem Bolschewismus. Mansteins Überlegung war: Wenn wir jetzt einen Bürgerkrieg gegen Hitler entfesseln, dann bricht alles zusammen, und wir haben morgen die Bolschewisten in Berlin.

Franz Halder

Als Sohn einer Offiziersfamilie am 30. Juni 1884 in Würzburg geboren, wird er 1902 Berufssoldat und zwei Jahre darauf Leut-
nant. Während des Ersten Weltkriegs erhält er mehrere Generalstabsstellungen, dient im Stab der Heeresgruppe «Kronprinz
Ruprecht von Bayern» und wird nachfolgend in die Reichswehr
übernommen. Nach wechselnden militärischen Aufgaben in
München und Berlin schließlich Chef des Stabes der 6. Division,
gibt er sich betont unpolitisch und geht auch nach der Machtübernahme Hitlers gegenüber den Methoden des Regimes auf
Distanz.

General Franz Halder (Mitte), kurz nach seiner Ernennung zum Chef des Generalstabs des Heeres
am 1. September 1938, gemeinsam mit Offizieren und dem Reichshandwerkermeister (rechts)
während der Propagandaveranstaltung «Wehrmacht und Handwerk».

Halder wird 1934 Generalmajor, 1936 Generalleutnant und Oberquartiermeister des Heeres, 1938 General der Artillerie und noch im selben Jahr Generalstabschef des Heeres. Aus dieser Zeit datieren auch seine ersten Kontakte zu Kreisen oppositioneller Offiziere.

Eigene Widerstandsaktionen aber bleiben aus. 1939 mit dem Ritterkreuz dekoriert, nach dem Sieg über Frankreich 1940 zum Generaloberst befördert, beginnt Halder im gleichen Sommer mit der Angriffsplanung auf die Sowjetunion. Bereitwillig setzt er die verbrecherischen Absichten Hitlers durch Anweisungen an die Truppe um, genießt die Anfangserfolge und Siege bei großen Kriegsschlachten. Doch dann scheitert der «Blitzkrieg» Ende 1941 vor Moskau.

Beginn der Sommeroffensive 1942: Die Zweiteilung der Angriffsspitze auf Stalingrad führt zu strategischen Auseinandersetzungen mit Hitler, der nach dem Rücktritt von Walther von Brauchitsch selbst den Oberbefehl über das Heer übernommen hat. Am 24. September 1942 wird Halder entlassen. Zutiefst verärgert, kommt er noch einmal mit der Widerstandsgruppe in Kontakt, lehnt jedoch resigniert eine Zusammenarbeit ab.

Nach dem Attentatsversuch vom 20. Juli 1944 werden Halder, seine Frau und seine Tochter aufgrund früherer Kontakte zu Mitgliedern des Widerstands wegen Hochverrats verhaftet, in mehrere Konzentrationslager verbracht und schließlich im Mai 1945 in Südtirol durch amerikanische Truppen befreit.

Im September 1946 wird der Generalstab des Heeres von der Anklage, eine verbrecherische Institution gewesen zu sein, freigesprochen. Halder fühlt sich unschuldig. Für ihn sind die Prozesse keine Stätten des Rechts, sondern der Politik. Auch im Spruchkammerverfahren in München wird er als «nicht belastet» eingestuft. Ab Sommer 1946 arbeitet er für die historische Abteilung der US-Armee als Leiter einer bedeutenden Forschungsgruppe, wird dafür von der Kennedy-Regierung 1961 sogar mit dem «Meritorious Civilian Award» ausgezeichnet.

Franz Halder stirbt am 2. April 1972 in Aschau/Oberbayern; die Trauerfeier findet mit militärischen Ehren der Bundeswehr statt.

Der von Hitler im April 1941 vorgegebene Zeitplan für das Unternehmen «Barbarossa» sah vor, daß es zu Beginn des Feldzuges «voraussichtlich heftige Grenzschlachten, Dauer bis zu 4 Wochen» geben könne, danach aber «mit geringerem Widerstand» zu rechnen sei. Am 25. August weist das OKW in einer Denkschrift darauf hin, daß der Krieg in diesem Jahr nicht mehr beendet werden kann. Darüber kommt es innerhalb der militärischen Führung und mit Hitler zu divergierenden Auffassungen über die Fortführung der Operationen. Im «Führerhauptquartier» trifft (v. l. n. r.) Hitler mit Keitel, Halder, von Brauchitsch und Heusinger zusammen. Diese Differenzen führen schließlich zu Halders Verabschiedung am 24. September 1941 aus dem Generalstab.

Zeitzeugen

Gräfin Heidemarie Schall-Riaucour, Enkelin:
Franz Halder kommt aus einer typisch bürgerlichen Familie des
19. Jahrhunderts: ruhig, fleißig, staatsangepaßt. Man hatte seine
Ordnung, seine Pflichten, seine Religion. Eine bayerische Offiziersfamilie seit drei Jahrhunderten. Sämtliche Generationen waren Soldaten bei den Wittelsbachern gewesen. Wenn man keinen
Besitz erbte, dann war das der angesehenste Beruf, den man als
Mann wählen konnte. Mein Großvater war bis zum Schluß ganz
eindeutig Monarchist.

Die preußischen Offiziere hielten ihn immer für etwas «un-
zackig»; er wurde von ihnen schief angeschaut. Als er dann auf
den Stuhl Moltkes kam, da waren sie natürlich etwas pikiert, weil
sie sich als viel prädestinierter dafür hielten. Manstein war z. B.
ein typisch preußischer Offizier. Er hat meinem Großvater vorgeworfen, daß er im Team arbeite. Ein Feldherr müsse still seine Gedanken entwickeln und diese dann als fertigen Entschluß vorle-
gen. Mein Großvater hörte dagegen seine Mitarbeiter an, um
dann mit ihnen zusammen seine Pläne zu formen. Das war neu,
das war für einen Offizier preußischer Prägung nicht annehmbar.
Nach dem Ersten Weltkrieg, der in ihm einen unauslöschlichen
Eindruck hinterlassen hatte – die verbrannte Erde in Verdun, die
Rückzugsapokalypse, er hat oft darüber gesprochen –, war er in
Berlin. Er wurde als Offizier hineingezogen in die Wirrnisse dieser wilden Zeit. Seine wichtigste Funktion in diesen Jahren war
die Beteiligung am Wiederaufbau einer deutschen Wehrmacht.
Eine seiner Grundüberzeugungen lautete: Eine Armee ist unbe-
dingt nötig, sie ist das Rückgrat jedes Volkes, unabdingbar zur
Verteidigung des Landes.

In dieser Zeit lernte er auch Hitler kennen. Er war entsetzt
über diesen Menschen, er fand ihn grauenhaft, unlogisch, unge-
bildet. Sie haben ja alle nicht geglaubt, daß er einmal zu solch

einer Macht kommen würde. Richtig kennengelernt hat er Hitler erst später, als er in den dreißiger Jahren Generalstabschef wurde. Er hat ihn letztlich respektieren müssen als obersten Feldherrn und als legal gewähltes Staatsoberhaupt. Hitler und Franz Halder, das waren zwei Welten; sie standen sich als fremde Elemente gegenüber und haben sich gegenseitig nicht verstanden. Halder hatte kein Vertrauen zu Hitler, er sah in ihm keine Zukunft für Deutschland.

Franz Halder war nicht begeistert, als der Krieg begann. Die Verteidigung seines Heimatlandes, das war für ihn selbstverständlich, aber als Eroberer in die Welt hinauszuziehen entsprach nicht seiner Haltung. Er war ganz niedergeschlagen, als Hitler beschloß, Frankreich zu überfallen. Frankreich war seine zweite Heimat, und es hat ihn unheimlich bedrückt, daß er als Eroberer in Paris einmarschieren mußte. Die französische Kultur war ihm ein Heiligtum.

Die Leute vom 20. Juli kannte und verstand er sehr gut. Mit Stauffenberg war er befreundet, Goerdeler hatte er in vielen Besprechungen kennengelernt. Aber er konnte ihr Vorhaben letztlich nicht billigen. Ohne jede Vorbereitung, ohne wirkliche Absicherung loszuschlagen, das hielt er für unakzeptabel. Er war außerdem der Meinung, von einem bestimmten Moment des Krieges an könne die Armeeführung sich nicht gegen die Regierung stellen, weil sie sonst den armen Kämpfern draußen an der Front in den Rücken fallen würde. Und das wollte er auf gar keinen Fall. Für die Truppe, für jeden einzelnen Landser hat er wirklich sein Herzblut vergossen. Trotzdem fand er das Vorgehen von Stauffenberg, Goerdeler usw. großartig und hat sie in vielen Auseinandersetzungen verteidigt.

General a. D. Johann Adolf Graf von Kielmansegg
(siehe oben, S. 162):
Seine Qualitäten waren die eines Generals, der sein Handwerk in jeder Weise beherrschte. Es gab aber auch Generäle, die eine darüber hinausgehende Begabung hatten, Generäle mit vorausschauender Phantasie, die große Zusammenhänge intuitiv erfaßten und entsprechend weitsichtige Pläne entwerfen konnten; wir nannten sie strategische Köpfe.

Halders Verhältnis zu Hitler war sehr gespannt. Er war ja immerhin derjenige gewesen, der bereits 1938 einen Umsturz, einen Staatsstreich herbeizuführen suchte. Halder war sicherlich nicht ein Mann der schnellen Entschlüsse. Aber 1938 war wahrscheinlich die Zeit, in der die meisten Deutschen absolut hinter Hitler standen; deshalb versagte sich Halder das Signal zur Verschwörung, zum Umsturz. Das war also kein Zögern, sondern ein Neinsagen aus dem Zwang der Verhältnisse heraus. Aber dann kam der Krieg; es ging um die Existenz Deutschlands, und Hitler war der Generalstabschef des Heeres. Jetzt gab es für ihn nur noch eins: diesen Krieg militärisch möglichst erfolgreich zu führen.

Philipp Freiherr von Boeselager (siehe oben, S. 161):
Halder war nicht das, was man sich unter einem zupackenden Soldaten vorstellt. Ich würde eher sagen: ein Gelehrter, ein Zögerer und Zauderer. Je mehr man weiß, um so vorsichtiger wird man ja, um so deutlicher sieht man die Gefahren, die jeder Schritt, den man tut, mit sich bringt. Halder machte lieber keinen Schritt als einen falschen, entgegen der militärischen Devise: Nichts entscheiden ist schon falsch entschieden. Er war ein bedeutender Stratege, daran ist kein Zweifel. Aber er war z. B. nicht bereit, die Konsequenzen aus der Tatsache zu ziehen, daß sein militärischer Plan für den Beginn des Rußlandfeldzugs nicht eingehalten, vom Oberkommando der Wehrmacht außer Kraft gesetzt worden war – mit verheerenden Folgen für die Truppen. Das war Halders Fehler. Er hätte zurücktreten müssen, um ein Signal zu setzen; denn er hat gesehen: Das, was die Heeresleitung mit den eigenen Soldaten im russischen Winter 1941/42 machte, war ein Verbrechen.

Albert Kesselring

Geboren am 30. November 1885 als Sohn eines Lehrers in Markt-
steft/Kitzingen, wird er 1904 Soldat, während des Ersten Weltkriegs Generalstabsoffizier und nachfolgend in den Stab der Heeresleitung der Reichswehr übernommen. Dort entwickelt er sich
zum Experten der militärischen Verwaltung und des Finanzwe-
sens.

Generalfeldmarschall Albert Kesselring
im Jahre 1942.

Durch Hitlers außenpolitische Erfolge wird Kesselring zum Bewunderer und Diener des NS-Regimes. Seine Fähigkeiten zum Management bringen ihn bei den Industriellen und den Militärs in Gunst. Er wird für den Aufbau der Luftwaffe zuständig und 1936 deren Generalstabschef. Als solcher steht er hinter dem Einsatz der deutschen «Legion Condor» im Spanischen Bürgerkrieg.

1938 übernimmt Kesselring den Oberbefehl über die Luftflotte 1, die er im Jahr darauf gegen Polen führt. In den ersten beiden Kriegstagen vernichten seine Flieger einen großen Teil der polnischen Flugzeuge am Boden. Er zeichnet verantwortlich für das Bombardement Warschaus, bei dem viele Zivilisten ums Leben kommen, wie auch – seit 1940 Oberbefehlshaber der Luftflotte 2 – für den Terrorangriff auf die Altstadt Rotterdams. Ebenso sind seine Geschwader an der Zermürbung der französischen Armee und am Vorstoß gegen Moskau beteiligt.

Zum Feldmarschall befördert, wird Kesselring 1941 Oberbefehlshaber Süd, zwei Jahre danach Oberbefehlshaber Südwest und damit für die Truppen in Afrika und Italien zuständig. In seine Verantwortung fallen übermäßig hohe Verluste in der Schlacht um Monte Cassino und die Erschießung von 335 zivilen Geiseln in den ardeatinischen Höhlen bei Rom.

Auch als Oberbefehlshaber West (1945) hält Kesselring bis zuletzt zum «Führer», läßt Durchhalteparolen verkünden und Standgerichte gegen Kriegsmüdigkeit vorgehen. Erst als die Nachricht von Hitlers Tod eintrifft, kapituliert er.

Nach amerikanischer Gefangenschaft wird Kesselring am 6. Mai 1947 von einem britischen Militärgericht in Venedig wegen der Geiselerschießung zum Tode verurteilt, ein Vierteljahr später zu lebenslanger Haft begnadigt. Führende Politiker wie Konrad Adenauer und Kurt Schumacher setzen sich für ihn ein. 1952 wird er wegen Krankheit aus dem Zuchthaus Werl entlassen.

Während seiner letzten Lebensjahre engagiert sich Kesselring in Traditionsverbänden wie dem «Stahlhelm» und dem «Verband Deutsches Afrika-Korps» und wird von «Kameraden» als Held und Märtyrer gefeiert.

Am 16. Juli 1960 stirbt Kesselring in Bad Wiessee; die Grabrede hält sein ehemaliger Geschwaderführer und nunmehriger Inspekteur der Bundesluftwaffe, Josef Kammhuber.

Kesselring (r.) als Heeresgruppenchef in Italien, hier bei einer Lagebesprechung im August 1944.

Zeitzeugen

Dr. Ernst August Bleibaum, Begleitoffizier:
Herr Kesselring war Befehlshaber für den gesamten Mittelmeerraum. Alle Waffengattungen, alle Kommandeure und Offiziere unterstanden ihm, einschließlich Rommel. Die Schlüsselstelle der Mittelmeersituation war Malta. Das wurde von Kesselring in allen Besprechungen klar herausgestellt. «Solange wir Malta nicht genommen haben, werden wir im Mittelmeer nichts werden.»

Von Malta aus wurde der gesamte Nachschub für unsere deutschen und italienischen Soldaten in Nordafrika unterbunden. Wenn ein Nachschubschiff Neapel verließ, wußten die Engländer bereits per Funk, was das Schiff geladen hatte und ob es sich lohnte, das Schiff zu versenken. Wenn also ein Geleitzug gemeldet wurde, z. B. bestehend aus einem Flugzeugträger, mehreren Kreuzern und 20 bis 30 Versorgungsschiffen, dann gingen natürlich im Stab die Alarmglocken an und es herrschten große Nervosität und Aufregung. Ertappte der Feldmarschall dabei einen Untergebenen, der ein bißchen geschlafen hatte, konnte er sehr deutlich werden. Kesselring hielt sich aber bei solchen persönlichen Dingen nie auf; er betrieb sofort die Sache weiter, auf die es in der jeweiligen Situation ankam. Es gab noch ein schwieriges Problem für uns in Nordafrika selbst. Die Engländer hatten die Festung Tobruk, die für den gesamten Bereich zwischen Tripolis und Kairo als zentrale Militärposition sehr wichtig war, eingenommen. Kesselring und Rommel waren sich darüber im klaren, daß sie in Nordafrika nichts unternehmen konnten, bevor Tobruk nicht in deutschen – man muß eigentlich sagen: in italienisch-deutschen – Händen war. Also beschlossen sie, daß die Luftwaffe zwischenzeitlich von Malta abgezogen werden und einen Angriff Rommels auf Tobruk unterstützen sollte.

Da ergaben sich unvorhergesehene Schwierigkeiten durch heftige Gegenwehr französischer Truppen aus einem Wüstenfort.

Wir erhielten mehrmals am Tage Funksprüche von Rommel, die zwischen «Ich gebe auf», «Nein, es geht wieder vorwärts», «Ich gebe doch auf» wechselten. Schließlich fiel das Fort doch. Unter den Gefangenen waren nicht wenige Juden. Göring bekam davon Wind und schickte postwendend ein Telegramm: Alle erschießen. Ohne sich auch nur einen Augenblick zu besinnen, ordnete Kesselring an: «Sie haben tapfer gekämpft, und sie werden wie normale Kriegsgefangene behandelt.» Zwischen Rommel und Kesselring war abgesprochen worden: Sobald die Festung Tobruk erobert sein würde, sollte die Luftwaffe nach Malta zurückgeschickt werden. Rommel, der durch Siege leicht verführbar war, bestand aber darauf, weiterzumachen, weiterzukämpfen. Kesselring lag förmlich vor ihm auf den Knien; er versuchte mit aller Macht, Rommel klarzumachen, wohin das führen würde – ohne Erfolg. Rommel schickte ein Telex an Hitler, und dieser antwortete prompt: Ja, weitermachen. Jeder Fußbreit Ägyptens ist selbstverständlich zu erobern. Wer damals dabei war, wußte: Das ist das Ende des Afrika-Korps.

Das Verhältnis zwischen Rommel und Kesselring war gespannt; sie waren zwei grundverschiedene Persönlichkeiten. Kesselring war ein nüchtern kalkulierender Soldat, ein Pragmatiker, der sich genau ausgerechnete Ziele steckte. Darüber hinausgehende Absichten waren für ihn Utopien, über die man sich seiner Meinung nach nicht den Kopf zerbrechen sollte. Rommel war ein ganz anderer Mann, ein Visionär. Er hatte etwas von einem Abenteurer, der sich nicht selten spontan zu einem Vorhaben entschloß, schneller ein Risiko einging und dadurch natürlich auch Fehler machte, die Kesselring nicht unterlaufen wären. Für Kesselring galt ohne Wenn und Aber die Hierarchie des Heeres, wenngleich er z. B. seine höhere Position Rommel gegenüber nie durchgesetzt hat. Kesselring war unangefochten in seiner Haltung «Befehl ist Befehl», selbst dann, wenn er wußte, daß die Ausführung ins Verderben führen würde.

Sein Verhältnis zu Hitler ist nicht leicht zu beschreiben. Diese Frage hat mich immer persönlich sehr bewegt, weil ich zu denen gehörte, die innerlich einen gewissen Abstand zu Hitler und dem ganzen hysterischen Theater um seine Person bewahrten. Ich kann mir nicht vorstellen, daß ein Mann wie Kesselring Hitler gegenüber so etwas wie Affinität empfand. Ich habe nie den Eindruck gehabt, daß er Hitler verehrt, ihn als ein über ihm stehendes Wesen, einen «Führer» angesehen hat. Aber nach Lage der Dinge war Hitler der Oberbefehlshaber der Wehrmacht, und er, Kesselring, war in dieser Wehrmacht einer der führenden Kommandeure. So kam es – und das hat man ihm ja oft vorgeworfen –, daß er zu den fundamentalen Fehlern Hitlers und Rommels schwieg, obwohl er sie genau durchschaute.

Er war kein Nationalsozialist. Ich habe kein einziges Mal faschistische Propaganda aus seinem Mund gehört. Er war eine große Persönlichkeit in einer tragischen Verwicklung, die er – wie andere hohe Offiziere auch – mit absolutem Gehorsam innerhalb des militärischen Rahmens bewältigen konnte.

Wie konnte es dazu kommen, daß ein ehrenwerter Berufsstand wie die Generalität so in den Schlamassel hineingeschlittert ist? Wie konnte es dahin kommen, daß solche Männer wie Kesselring trotz aller Zweifel bis zum bitteren Ende mitmachten? Das ist ein schwieriges Problem. Man muß dabei zunächst folgendes sehen:

Hitler war 1933 mit dem Anspruch angetreten, alles umzukrempeln, die bisherige Geschichte quasi auszulöschen und ganz neu zu beginnen. Und alle Freunde und Feinde ringsherum halfen ihm dabei; er hatte außenpolitisch einen Erfolg nach dem anderen. Wenn die Politiker der Weimarer Republik nur einen Teil dieses Erfolgs gehabt hätten, wäre alles ganz anders gekommen. Und nun stellen Sie sich einmal vor: Ein General stellt sich nach dem Frankreichfeldzug hin und sagt: Das ist eine riesengroße Schweinerei, Schluß jetzt damit! In sechs Wochen hatten wir gesiegt, wo unsere Väter vier Jahre vergeblich gekämpft hatten. Und dann sollte er sagen: aufhören, umkehren? Einige haben es versucht; sie haben es mit ihrem Leben bezahlt. Ein Umsturz, ein Putsch ohne entsprechende politische Vorbereitung wäre in den Augen der meisten Offiziere ein noch größeres Desaster gewesen.

**Hans Engelhardt, Dolmetscher in der Historical Division,
hatte dort im Internierungslager die Aufgabe,
Kesselring zu bewachen und zu betreuen:**
Über den Krieg, über Deutschland, den Faschismus, über all diese Dinge haben wir nicht miteinander gesprochen. Es war eine rein persönliche Bekanntschaft. Die Generäle untereinander konnten sich in der Gefangenschaft frei besuchen, sich frei unterhalten,

Kesselring bei der Inspektion eines Frontfeldplatzes in Afrika, 1942.

aber sie wollten natürlich auch mal jemanden sehen, der keine Generalszeichen auf den Schultern trug.

Kurz vor Weihnachten sagte mir General Kesselring, daß er nach Italien zu einem Verhör müsse. Er sei verschiedener Kriegsverbrechen angeschuldigt und wolle von sich aus Klarheit schaffen. Ein Ausdruck ist mir noch immer im Gedächtnis. Er sagte: «Wenn man mich für schuldig befindet, dann muß ich halt in den sauren Apfel beißen und alle Konsequenzen tragen, notfalls auch mein Leben lassen. Stellt man aber meine Unschuld fest, muß man mich freilassen. Was auch geschieht, ich muß es hinnehmen.» Das war so ein typischer Kesselring-Satz. Halbheiten, Zwischenlösungen gab es für ihn nicht. Entweder – oder. Er hat sich nicht schuldig gefühlt. Er war auch nicht bedrückt wegen der zurückliegenden Kriegsjahre. Er war Generalfeldmarschall; was er sagte, war Gesetz. Ein absoluter Führertyp und zugleich jemand, dem man unbedingt vertrauen konnte. Was er einem zusagte, hat er auf jeden Fall gehalten. Bei den Untergebenen war er sehr beliebt.

Deutsche Soldaten!

Während der zwei Jahre des Krieges hat sich der blutige Hund Hitler an den Opfern des deutschen Volkes nicht gesättigt.

Hitler und Göring haben die Sowjetunion ohne Kriegserklärung überfallen.

Ihr, Soldaten, braucht den neuen Krieg nicht. Er bringt euch und euren Familien nichts außer Leiden und Vernichtung.

Geht auf die Seite der Sowjetunion — des Vaterlandes der Werktätigen der ganzen Welt — über. Das wird nicht nur euer Leben sichern, sondern auch eure Rückkehr zur friedlichen Arbeit beschleunigen!

Euch erwartet eine gute Behandlung und die Bewahrung eurer Soldatenehre.

6. DER WIDERSTAND

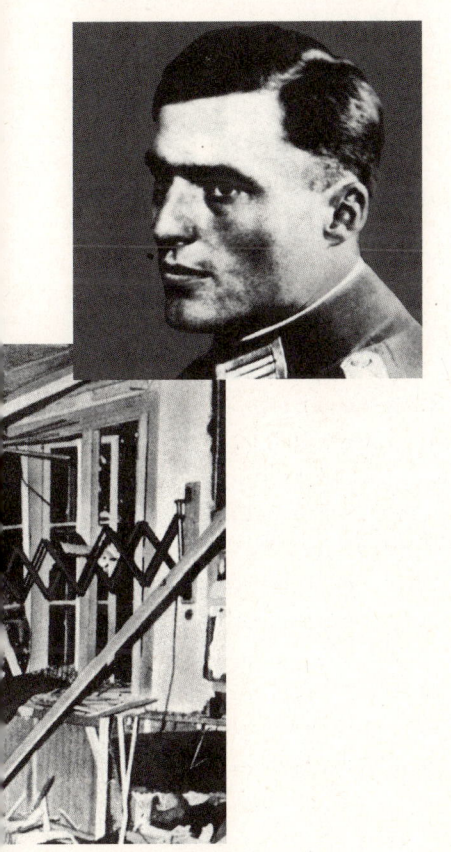

Politischer Widerstand, auch wenn er sich in Gruppen organisiert, beruht in der Regel auf einer individuellen Gewissensentscheidung. In einer Armee, die den einzelnen zu Befehl und Gehorsam verpflichtet, sind die Möglichkeiten insbesondere des einfachen Soldaten äußerst begrenzt. Während in einer demokratischen Armee der Soldat auf die Grundwerte der Gesellschaft eingeschworen wird, Menschen- und Völkerrecht über dem Befehl rangieren, wurde der Soldat der Hitler-Diktatur auf die «Treue zum Führer» und zum bedingungslosen Kadavergehorsam verpflichtet. Eine «höhere» Moral wurde nicht zugelassen.

Selbst heute, da die Verbrechen des «Dritten Reiches» offen zutage liegen, gibt es immer noch einzelne Veteranen, die die Pflichterfüllung an die erste Stelle setzen. Sie berufen sich darauf, daß die Wehrmachtssoldaten im «guten Glauben» gekämpft hätten, womit gemeint ist: im Glauben an die Richtigkeit des Befehls. Das ist eine Entlastungsstrategie, wie sie in solchen Fällen immer von den Tätern benutzt wird. Eine Legende ist auch die Behauptung vom Befehlsnotstand. Tatsächlich ist kaum jemand ernsthaft belangt worden, wenn er sich einem Befehl zum Massenmord widersetzte. Das Recht zum aktiven Widerstand gegen die Tyrannei wird im allgemeinen aber eher den Führungseliten zugebilligt, dem Offizier also, nicht aber dem einfachen Soldaten.

Stellvertretend für die ältere nationalkonservative Generation führender Offiziere, die nach der Fritsch-Blomberg-Krise 1938 zum Widerstand fanden, steht der erste Generalstabschef des «Dritten Reiches», Ludwig Beck. Mitverantwortlich für die Aufrüstung, sah er gleichwohl als einer der ersten unter den hohen Militärs die drohende Katastrophe eines von Hitler angezettelten Krieges. Als er mit seiner Vorstellung einer kollektiven Demission der Generalität nicht durchdrang, trat er zurück und begab sich auf den Weg des Widerstandes gegen Hitler.

Im Fortgang des Krieges wuchs eine um etwa 20 Jahre jüngere Generation – viele zunächst begeisterte Hitler-Anhänger – in wichtige mittlere Positionen hinein. Viele wurden fortschreitend über den wahren Charakter des Regimes desillusioniert und gingen in den Widerstand. 1942 ging es für sie nicht mehr vorrangig um Kriegsbeendigung, sondern angesichts der offenkundigen Verbrechen um den Sturz eines unmoralischen Systems und den Versuch, die Vernichtung des deutschen Nationalstaats durch den Gegner zu verhindern; dabei müsse am Beginn der Aktion das Attentat, der Tod Hitlers stehen. Die herausragende Figur dieser Pläne war Stabschef Claus Graf Schenk von Stauffenberg.

Wurden die Taten der Männer des 20. Juli im westlichen Nachkriegsdeutschland in Feierstunden kanonisiert, so blieb eine andere oppositionelle Gruppierung deutscher Offiziere von Anfang an verfemt; das Nationalkomitee Freies Deutschland und der Bund Deutscher Offiziere, eine nach dem Fall von Stalingrad in sowjetischer Gefangenschaft entstandene Sammlungsbewegung, die die Beendigung des Krieges von außen anstrebte.

Lassen sich unter den Offizieren der Wehrmacht etwa 185 «Verschwörer» ausmachen, so sollen weit über 100 000 Soldaten bis Kriegsende desertiert sein. Der Deserteur verstieß gegen die Verpflichtung seines Eides zu «unbedingtem Gehorsam» und bedingungsloser Treue gegenüber Adolf Hitler. Eine nazistisch radikalisierte Wehrmachtsjustiz wütete, je mehr sich die Niederlage abzeichnete. Sie verhängte wegen des Delikts der Fahnenflucht 22 000 Todesurteile, von denen etwa 15 000 vollstreckt wurden. (Die in den Feldstraf- und Konzentrationslagern Umgekommenen sind nicht gezählt.) Um eine Rehabilitierung der Verurteilten ist bis in die jüngste Zeit gestritten worden.

Kriegsdienstverweigerungen lagen in der Regel pazifistisch-religiöse Motive zugrunde. Da die evangelische wie die katholische Kirche den Militärdienst befürworteten, waren es unter den kirchlich gebundenen Christen nur einzelne, die – ihrem eigenen Gewissen folgend – den Kriegsdienst verweigerten und damit freiwillig aufs Schafott gingen. Wenig bekannt ist der Widerstand der Zeugen Jehovas, die schon wenige Monate nach Hitlers Machtübernahme verboten und mit unerbittlicher Härte verfolgt wurden. Keine andere Religionsgemeinschaft hat sich mit vergleichbarer Geschlossenheit und Unbeugsamkeit den nazistischen Nötigungen wie der Eidesleistung oder der Grußpflicht versagt, keine hat so blutig dafür bezahlt.

Dokumente

**Aus Aufzeichnungen des Generalstabschefs des Heeres,
Ludwig Beck (16. Juli 1938)**
Es ist ein Mangel an Größe und an Erkenntnis der Aufgabe, wenn
ein Soldat in höchster Stellung in solchen Zeiten seine Pflichten
und Aufgaben nur in dem begrenzten Rahmen seiner militärischen Aufgaben sieht, ohne sich der höchsten Verantwortung vor
dem gesamten Volk bewußt zu werden. Außergewöhnliche Zeiten verlangen außergewöhnliche Handlungen!

**Aus einem Aufruf des Schriftstellers Fritz von Unruh
an die deutschen Soldaten (4. September 1939)**
Kameraden! Ihr kennt mich. Manche von Euch haben meine
Bücher gelesen, viele mich in Versammlungen gehört. Ihr wißt,
daß ich freiwillig 1914 eingerückt bin. Das tue ich heute nicht.
Diesen Krieg verdamme ich.

Der Hitlerkrieg wurde von einer Handvoll politischer Abenteurer in Berlin entfesselt. Dieser Krieg wird gegen unser Volk geführt [...]

Alte und junge Kameraden! Trennt Euch von einem System,
das über uns nur Unheil brachte und jetzt droht, Deutschland mit
in seinen Untergang zu reißen.

Kameraden! Das Hitlersystem ist nicht die Knochen eines einzigen deutschen Soldaten wert. Denkt an alle Leiden und
Schrecken seit 1933, gedenkt der Verfolgten, Eingekerkerten, Er-
schlagenen und heimlich Ermordeten! Die Stunde der Abrechnung ist gekommen! Sagt Euch los von den Brandstiftern und Ty-
rannen. Fallt den Kriegstreibern in die Arme. Bekennt Euch zu
unserem Volke und zu Deutschland. Verbrüdert Euch mit denen,
die wie wir für die Freiheit kämpfen.

Kameraden, erkennt: Der Feind [...] sitzt in Berlin.

Generaloberst Ludwig Beck ist schon frühzeitig als Gegner von Hitlers Gewaltlösungen aufgefallen, nach der Sudetenbesetzung bittet er im August 1938 um Enthebung vom Amt. Zum Zentrum des Widerstands gehörend, wird er noch am Abend des 20. Juli 1944 in Berlin erschossen.

Aus einer Denkschrift Becks (Ende September 1939)
Wer mit Großbritannien sich in einen Krieg einläßt, hat einen Weltkrieg zu führen [...]
1. Eine Möglichkeit für eine militärische Entscheidung im Westen ist nicht zu erkennen. Das deutsche Heer muß sich im Westen auf eine Abwehrschlacht von unbegrenzter Dauer einrichten [...]
3. Je länger der Krieg dauert, desto mehr steigen die Möglichkeiten der Gegner, Deutschland auszuhungern und zu zermürben.
4. Der Zweck jeden Krieges, einen guten Frieden zu gewinnen, erscheint nicht erreichbar, der Notbehelf, den Gegner friedensgeneigt zu machen, ganz ins Ungewisse gehüllt.

**Aus einem Schreiben des Oberbefehlshabers
der Heeresgruppe C, Wilhelm Ritter von Leeb,
an den Oberbefehlshaber des Heeres, Walther von Brauchitsch
(31. Oktober 1939)**

Die militärischen Gründe, die gegen die Absichten des Führers sprechen, sind klar. Wir können allein schon wegen unserer Ersatzlage nicht durchhalten [...] Das Schwert hat nicht die Schärfe, die der Führer wohl annimmt [...] Es fehlt an allen Ecken und Enden [...] Die Erfolge im Osten mit den Wunschgedanken im Westen in Beziehung zu bringen, würde ein verhängnisvolles Abweichen von der Wirklichkeit sein [...]

Das gesamte Volk ist von einer tiefen Friedenssehnsucht erfüllt. Es will den drohenden Krieg nicht und steht ihm ohne jede innere Anteilnahme gegenüber. Wenn die Parteidienststellen etwas anderes berichten, dann halten sie mit der Wahrheit zurück. Das Volk erwartet sich jetzt den Frieden von der Politik seines Führers, weil es wohl ganz instinktiv fühlt, daß eine Vernichtung Frankreichs und Englands nicht möglich ist und weitreichende Pläne daher zurückgestellt werden müssen. Als Soldat muß man das gleiche sagen.

**Aus einem Fernschreiben des Generalstabschefs des Heeres,
Franz Halder, an den Abschnittsstab Ostpreußen
(14. Juni 1941)**

In den letzten Tagen sind einzelne Fälle von Fahnenflucht über die russische Grenze vorgekommen. Die AOK (Armeeoberkommandos) werden ersucht, durch verschärfte Überwachung des Grenzgebietes, auch außerhalb der Grenzübergänge, der Wiederholung derartiger Vorkommnisse vorzubeugen.

**Aus dem Appell der ersten Beratung kriegsgefangener
deutscher Soldaten bei Moskau (8. bis 10. Oktober 1941)**

Es gibt zwei Deutschlands:

das Deutschland der Nazischmarotzer und das Deutschland der Werktätigen: das Deutschland der vertierten Raub- und Mordgesellen und das Deutschland des ehrlichen und fleißigen Volkes. Es gibt ein Deutschland der faschistischen Barbaren und das Deutschland der großen Denker, Erfinder und Dichter, die durch ihre Leistungen die Weltkultur bereichert haben. Es gibt ein

Henning von Tresckow gehört jenem Teil des preußischen Adels an, der den Faschismus von Anfang an als eine plebejisch-bourgeoise Bewegung ablehnt, die Wehrmacht aber nach wie vor als seinen traditionellen politikfernen Wirkungskreis betrachtet. So versucht der bis zum Generalstabsoffizier aufgestiegene Soldat 1942 andere hohe Wehrmachtsoffiziere zu einem Putsch gegen Hitler zu bewegen. Dieser kommt zwar nicht zustande, aber es ist bemerkenswert, daß von Tresckows Plan nicht verraten wird. Am 13. März 1943 scheitert sein Versuch, das Flugzeug Hitlers durch einen Sprengsatz zum Absturz zu bringen. Wiederum bleibt von Tresckows Urheberschaft unentdeckt. So schließt er sich der Gruppe um Graf Stauffenberg an. Nach dem Scheitern des Attentats auf Hitler nimmt er sich am 21. Juli 1944 an der Ostfront das Leben.

Deutschland größenwahnsinniger Machthaber, die ihre Herrschaft durch einen aussichtslosen Krieg bis zum letzten deutschen Soldaten zu retten suchen: und es gibt ein anderes Deutschland, das Hitler und seine faschistische Terrorherrschaft verflucht. Es gibt ein Deutschland des Volkes, das die unverzügliche Einstellung des Krieges fordert.

Zwischen diesen beiden Deutschlands klafft ein Abgrund.

Aus dem Manifest des Nationalkomitees Freies Deutschland
an «die Wehrmacht und an das deutsche Volk»
(12./13. Juli 1943)

Kein äußerer Feind hat uns Deutsche jemals so tief ins Unglück gestürzt wie Hitler. Die Tatsachen beweisen: Der Krieg ist verloren. Deutschland kann ihn nur noch hinschleppen um den Preis unermeßlicher Opfer und Entbehrungen. Die Weiterführung des aussichtslosen Krieges würde das Ende der Nation bedeuten [...]

Aber Deutschland darf nicht sterben! Es geht jetzt um Sein oder Nichtsein unseres Vaterlandes [...]

Das deutsche Volk braucht und will unverzüglich den Frieden. Aber mit Hitler schließt niemand Frieden. Niemand wird auch nur mit ihm verhandeln. Daher ist die Bildung einer wahrhaft deutschen Regierung die dringendste Aufgabe unseres Volkes. Nur sie wird das Vertrauen des Volkes und seiner ehemaligen Gegner genießen. Nur sie kann den Frieden bringen [...]

Eine solche Regierung muß stark sein und über die nötigen Machtmittel verfügen, um die Feinde des Volkes, Hitler und seine Gönner und Günstlinge, unschädlich zu machen, mit Terror und Korruption rücksichtslos aufzuräumen, eine feste Ordnung zu schaffen und Deutschland nach außen hin würdig zu vertreten. Sie kann nur aus dem Freiheitskampf aller Volksschichten hervorgehen, gestützt auf Kampfgruppen, die sich im Sturz Hitlers zusammenschließen. Die volks- und vaterlandstreuen Kräfte in der Armee müssen dabei eine entscheidende Rolle spielen.

Eine solche Regierung muß den Krieg sofort abbrechen, die deutschen Truppen an die Reichsgrenzen zurückführen und Friedensverhandlungen einleiten, unter Verzicht auf alle eroberten Gebiete. So wird sie den Frieden erzielen und Deutschland in die Gemeinschaft gleichberechtigter Völker zurückführen [...]

Deutsche Soldaten und Offiziere an allen Fronten!

Ihr habt die Waffen! Bleibt unter den Waffen! Bahnt Euch mutig unter verantwortungsbewußten Führern, die eins sind mit Euch im Kampf gegen Hitler, den Weg zur Heimat, zum Frieden.

Aus einem Bericht von Hans Goßens, Frontbeauftragter
des Nationalkomitees Freies Deutschland (18. April 1944)

Vom 2. bis 11. arbeitete ich in verschiedenen Divisionen und Regimentern und schickte sechs Gefangene in den Kessel zurück.

Wenngleich sich das NKFD als «breite antifaschistische Bewegung» unter Einschluß der «volks- und vaterlandstreuen Kräfte in der Armee» darstellt, wird schnell «die führende Rolle» der KPD-Funktionäre deutlich. Sich im Hintergrund haltend, beobachtet Ulbricht, wie Pieck «aufklärende Gespräche» mit Wehrmachtsangehörigen führt.

Vom 11. bis 16. war ich wieder im Armeestab, sprach mit Gefangenen, las Beutebriefe, schrieb Flugblätter und Lautsprecherprogramme [...]

Am 16. ging ich mit einem Hauptmann der Roten Armee wieder in eine Division und sandte zwei Mann zurück. Allen diesen Gefangenen habe ich jeweils mitgegeben: NK-Flugblätter (aus Moskau und Frontstellen). «Freies Deutschland», Nr. 23/1943 bis 11/1944. Briefe von Kriegsgefangenen aus dem Lager 27, Handzettel, Ausweise zum Übertritt auf die Seite des NK. Mehrere Gefangene berichteten, es sei bekannt, daß die Russen Gefangene zurückschicken; es sei jetzt Befehl, solche Leute sofort nach Deutschland zu schicken, wo sie in Strafkompanien gesteckt werden. Zwei Mann haben mir, unabhängig voneinander, erzählt, daß bei Schepetowka drei von den Russen zurückgeschickte deutsche Soldaten standrechtlich erschossen wurden (Namen und Truppenteil nicht zu erfahren). Insgesamt habe ich bisher auf diese Weise 80 Zeitungen und etwa 600 verschiedene Flugblätter in die deutsche Truppe geschafft.

Aus einem Memorandum des US-Brigadegenerals
John Magruder, stellvertretender Leiter des Office of Strategic
Service (OSS) an das State Department (17. Mai 1944)

1. Seit Anfang 1944 sind die Vertreter von OSS in Bern regelmäßig von zwei Abgesandten einer deutschen Gruppe aufgesucht worden, die beabsichtigte, das Naziregime zu stürzen. Der Gruppe gehören Leuschner, sozialistischer Führer und früherer Innenminister von Hessen, Oster, General, früher die rechte Hand von Canaris, nach seiner Entlassung unter Beobachtung gestellt und kürzlich offiziell seiner Funktionen von Keitel enthoben, Goerdeler, ehemaliger Oberbürgermeister von Leipzig, und General Beck an. Die letzten beiden Männer sind den Vertretern von OSS als die Führer der Gruppe bezeichnet worden, in deren Auftrag die beiden Abgesandten die Vorschläge unterbreiteten.

2. Anfang April unterbreiteten die beiden Abgesandten den Vertretern von OSS die Anregung über ein Abkommen zwischen der deutschen Oppositionsgruppe und den westlichen Alliierten. Die Gruppe drückte ihren Willen und ihre Bereitschaft aus, zu versuchen, Hitler und die Nazis zu beseitigen. Sie versicherten, daß die Zeit, in welcher eine erfolgreiche Aktion durchgeführt werden könne, sich sehr verkürzt habe. Sie sagten, sie wären die einzige Gruppe in Deutschland, die aus ihrem persönlichen Zutritt zu Hitler und zu anderen Nazigrößen Nutzen ziehen könne, und sei die einzige, die über genug Waffen und über genügend Einfluß in der Wehrmacht verfüge, um die Nazis stürzen zu können. Die Gruppe erklärte, daß die deutschen Generale, die nun im Westen kommandierten – besonders Rundstedt und Falkenhausen –, bereit wären, den Widerstand einzustellen und die alliierten Anlandungen zu unterstützen, wenn die Nazis beseitigt wären. Sie nehmen an, daß ähnliche Vereinbarungen für den Empfang alliierter Luftlandekräfte an strategischen Punkten in Deutschland getroffen werden können [...]

5. Im Mai 1944, ungefähr einen Monat nach dem Besuch der Abgesandten bei den Vertretern von OSS, erhielten sie eine mündliche Nachricht von einem Kurier der Oppositionsgruppe. Nun wurden als Mitglieder auch Halder, Zeitzler, Heusinger (Chef der Operationsgruppe bei Zeitzler), Olbricht (Chef des Allgemeinen Heeresamtes), Falkenhausen und Rundstedt genannt. Die Gruppe teilte mit, daß sie bereit wäre, den alliierten Verbänden zu hel-

General Walther von Seydlitz-Kurzbach, hier im Gespräch mit den Schriftstellern Johannes R. Becher (links) und Erich Weinert (Mitte) vom kommunistischen Führungskader des NKFD, ist Vorsitzender vom Bund Deutscher Offiziere, der am 11. September 1943 in sowjetischer Gefangenschaft gegründet wird. Formal besteht der BDO bis zum Jahr 1945, wird politisch jedoch sehr schnell vom NKFD vereinnahmt.

fen, nach Deutschland einzudringen, wenn die Alliierten zustimmten, daß die Wehrmacht weiterhin die Ostfront hält.

Aus einer für den Fall des erfolgreichen Hitler-Attentats vorbereiteten Rundfunkansprache Becks (Juli 1944)
Soldaten!
Tapfer und todesmutig habt Ihr vier Jahre hindurch gekämpft, ohne je zu versagen, allen Gefahren trotzend, unbekümmert um alle Mühen und Leiden, nur durchdrungen von eisernem Pflichtgefühl und glühender Liebe zu Volk und Vaterland. Keine Aufgabe war Euch zu schwer, kein Opfer zu groß. Erfüllt von dem Glauben, der Krieg sei gerecht und notwendig, um das nach dem ersten Weltkrieg geschehene Unrecht wiedergutzumachen und unsere Freiheit zu sichern, seid Ihr in den Kampf gezogen. Zu Lande, in der Luft und auf der See habt Ihr Gewaltiges geleistet 187

und den Lorbeer der Unüberwindlichkeit an Eure Fahnen geheftet. Und trotzdem ist ein Ende des Krieges nicht abzusehen [...]

Statt einer weisen Beschränkung auf die wahren Lebensnotwendigkeiten unseres Volkes wurde unter dem Deckmantel einer Neuordnung Europas die Unterwerfung fast des ganzen Erdteiles betrieben. Die besiegten Völker wurden unterjocht und ausgebeutet, statt sie durch weise Rücksicht auf ihren nationalen Stolz, auf ihren Freiheitswillen und auf ihre Lebensinteressen zu gewinnen und Brücken zu einer dauerhaften Verständigung zu schlagen. So hat die Staatsführung die klaren Lehren der Geschichte, die solches Vorgehen zur Erfolglosigkeit verurteilen, mißachtet und überall statt Vertrauen Haß gesät. Sie hat damit den Weg zu einem baldigen dauerhaften Frieden sich hemmungslos verbaut. Wer einen Stiefel besohlen will, muß es gelernt haben. Wer ein Millionenheer führen will, muß die Fähigkeit dazu auf den verschiedenen Stufenleitern harten militärischen Dienstes erlernt und bewiesen haben. Der Untergang der 6. Armee bei Stalingrad, der Zusammenbruch des unüberlegten Unternehmens in Nordafrika sowie die vergeblichen Opfer auf Sizilien sind einzig und allein dieser unfähigen, gewissenlosen Führung zuzuschreiben. Hunderttausende brave Soldaten büßten für Vermessenheit und Eitelkeit eines Einzelnen mit Leben, Gesundheit oder Verlust der Freiheit. Mit unbarmherziger Kälte hat diese Führung unsägliches Leid, das vermieden werden konnte, in zahllose Familien gebracht. Viele höhere Führer sind bereits zurückgetreten, manche aus dem Leben geschieden, weil sie die Verantwortung für solche gewissenlose, unfähige Führung nicht tragen wollten. Andere wurden beseitigt, weil sie den Mut hatten, ihre warnende Stimme zu erheben, damit kostbares Blut geschont und nicht vergeudet würde. Niemals in der deutschen Geschichte hat eine militärische Führung mit größerer Skrupellosigkeit die edle Einrichtung der allgemeinen Wehrpflicht und das Vertrauen mißachtet, das Soldaten ihr entgegengebracht haben [...]

Soldaten! So darf es nicht weitergehen! [...]

Dies zu verhindern, sind wir fest entschlossen. Hierfür stehen wir vor Gott ein. Hierfür nehmen wir Euch in Eid und Pflicht. Im Einverständnis mit Euren ältesten soldatischen Führern und meinen Mitarbeitern habe ich daher die politische und militärische Leitung übernommen. Eures Vertrauens bin ich gewiß.

Am 13. Juli 1943 gründen in Krasnogorsk bei Moskau kommunistische Emigranten gemeinsam mit gefangenen oder übergelaufenen Wehrmachtsangehörigen das Nationalkomitee Freies Deutschland, das unter strenger sowjetischer Kontrolle steht. Seine wichtigste Funktion besteht darin, deutsche Soldaten dazu zu bewegen, den Kampf aufzugeben.

Aus einem Bericht des Chefs der Sicherheitspolizei und des SD, Ernst Kaltenbrunner (24. Juli 1944)

Betr.: 20. Juli 1944

Der Anschlag auf den Führer und der Putschversuch ging von einer kleinen Clique aus, die in der Dienststelle des Chefs der Heeresrüstung und Befehlshabers des Ersatzheeres ihren Sitz hatte. Ihr gehörten an:

Generaloberst Beck (x)

General Olbricht (x)

Oberst Graf von Stauffenberg (x)

und sein Bruder (v.)

Oberst Mertz von Quirnheim (x)

Oberleutnant Graf von Schulenburg (x)

Oberleutnant Haeften (x)

Für den Plan gewonnen und für besondere Posten ausersehen waren:

Generalfeldmarschall von Witzleben (v.)

Generaloberst Hoepner (v.)

189

Die mit x versehenen Personen sind in der Nacht vom 20. Juli 1944 standrechtlich erschossen worden bzw. haben sich selbst erschossen.

Die mit v. bezeichneten Personen befinden sich in Haft.

Aus dem Bericht der Sonderkommission
des Reichssicherheitshauptamtes (26. Juli 1944)
Am 20. 7. 1944 gegen 12.50 Uhr erfolgte in der «Wolfsschanze», Sperrkreis A, Gästebaracke, während der Lagebesprechung Detonation. Der Führer erlitt, obwohl in unmittelbarer Nähe des Detonationsherdes, nur leichte Verletzungen [...]

Engerer Tatort ist Lagezimmer, in dem die täglichen Lagebesprechungen stattfanden, 12,5 m langes und 5 m breites Zimmer, in dessen Mitte großer Kartentisch, an rechter Seite kleiner runder Tisch, links Schreibtisch und Musikschrank. Raum und gesamtes Mobiliar stark zerstört. Rechts vom Eingang Loch im Fußboden von 55 cm Durchmesser. Weiter im Umkreis Boden eingedrückt und Verkohlungen. Metallische Einschüsse nicht feststellbar, dagegen Einsprengungen von Holz und Lederteilchen in Preßpappwänden. Sprengloch zeigt, daß Sprengkörper oberhalb des Fußbodens detonierte.

Aus einem Befehl des Chefs des Oberkommandos
der Wehrmacht, Wilhelm Keitel (23. September 1944)
An einzelnen Stellen der Fronten und im Verlauf von Absatzbewegungen ist es vorübergehend zu Auflöseerscheinungen gekommen. Um das für die Zukunft von vornherein im Keime zu ersticken, wird auf besondere Weisung des Führers [...] bestimmt:
1. Gegen haltlose Elemente, die durch Verletzung der Dienstpflicht oder durch andere Straftaten die Kampfmoral der Truppe gefährden, Auflösungserscheinungen herbeiführen oder begünstigen, ist unverzüglich und mit äußerster Schärfe an Ort und Stelle, bei Gefahr im Verzuge auch durch sofortige Waffenanwendung, durchzugreifen. Das gilt insbesondere gegenüber Führern oder Unterführern, die der Feigheit schuldig sind, die ihre Pflichten als Truppenführer schwer verletzten, anvertrautes Wehrmachtsgut im Stich lassen, in ihrer soldatischen Haltung versagen und sonst das Ansehen der Wehrmacht schwer schädigen. Mit derselben Schärfe ist, gegebenenfalls auch durch sofortigen Waf-

Claus Schenk Graf von Stauffenberg entstammt einem süddeutschen Adelsgeschlecht mit langer militärischer Tradition, was seine Distanz zum militärischen Dilettantismus der NS-Führer erklärt. Noch am Tage des fehlgeschlagenen Attentats auf Hitler am 20. Juli 1944 wird von Stauffenberg standrechtlich erschossen. Er gilt als «Geschäftsführer des Widerstandes» im deutschen Offizierskorps, als dessen «Motor und Seele» er zur Symbolfigur des «anderen Deutschland» geworden ist.

Die Bombe, die Hitler gilt, zerstört am 20. Juli 1944 die Lagebaracke im ostpreußischen «Führerhauptquartier Wolfsschanze» bei Rastenburg, verletzt den Diktator aber nur unwesentlich.

fengebrauch, vorzugehen, wenn Soldaten Gewehre oder andere leichte Waffen liegen lassen, ablegen oder ohne Befehl Kampfmittel zerstören.

2. Gerichtsherren und Standgerichtsherren haben das ausdrückliche Recht, bei solchen Straftaten Todesurteile gegen jedermann, auch gegen Offiziere jeden Ranges, unmittelbar zu bestätigen, wenn die sofortige Vollstreckung der Todesstrafe zur Aufrechterhaltung der Manneszucht und aus Gründen der Abschreckung geboten sind [...]

4. Die Todesurteile sind unverzüglich im Angesicht der Truppe zu vollstrecken.

Aus einem Befehl des Oberkommandos der Wehrmacht (14. Januar 1945)

Die Gefährdung der kämpfenden Kameraden und der Kriegsanstrengungen von Front und Heimat durch einige Überläufer, die sich dem Kampf entziehen und ihr Leben in Sicherheit zu bringen versucht haben, erfordert rücksichtsloses Vorgehen gegen Überläufer und ihre Sippe.

Chef OKW hat daher [...] auf Grund der Weisungen des Führers befohlen:

daß auf Soldaten, die nach einwandfreier Beobachtung zum Feind überlaufen, sofort das Feuer zu eröffnen ist,

daß gegen Soldaten, die im Verdacht stehen, zum Feind übergelaufen zu sein, sofort an Ort und Stelle ein Standgerichts- oder Kriegsgerichtsverfahren anzuberaumen ist, die Ermittlungen unverzüglich durchzuführen und bei Vorliegen eindeutiger Beweise für den Übergang zum Feind Todesurteil zu erfolgen hat, das zu bestätigen ist,

daß die Sippe rechtskräftig zum Tode verurteilter Überläufer für das Verbrechen des Verurteilten mit Vermögen, Freiheit oder Leben nach Maßgabe der von Reichsführer SS und Chef der deutschen Polizei im Einzelfall zu treffenden Bestimmungen haftet.

Zeitzeugen

Annemarie Kusserow, am 12. Januar 1945 wegen Wehrkraft-
zersetzung verhaftet und zu vier Jahren Zuchthaus verurteilt:
Meine beiden Brüder gehörten zu den Zeugen Jehovas; sie haben
aus religiösen Gründen den Kriegsdienst verweigert und sind
dafür zum Tode verurteilt worden. Wilhelm, der ältere, wurde
am 27. April 1940 erschossen. Mein anderer Bruder wurde zwei
Jahre später in Brandenburg enthauptet. Hitler fand den Tod eines Zeugen Jehovas durch Erschießen zu leicht; deshalb wurde
mein zweiter Bruder nach Brandenburg verbracht und mit einer
Guillotine hingerichtet. Ich selbst wurde am 12. Januar 1945 wegen Wehrkraftzersetzung zu vier Jahren Zuchthaus und vier Jahren Ehrverlust verurteilt. Der Grund war: Ich hatte mit Bekannten in meiner Wohnung die Bibel studiert. Ein Rechtsanwalt, der
gar nicht mein Verteidiger war, stand in der Verhandlung ganz
aufgeregt auf und sagte: «Warum Wehrkraftzersetzung, sie ist
doch nie mit einem Soldaten in Kontakt gekommen? Das ist doch
nur ein Kaffeekränzchen unter Freundinnen.» Der Vorsitzende
wies das zurück: «Die Angeklagte glaubt das, was in der Bibel
steht. Und darin steht: Du sollst nicht töten. Und das glaubt sie,
und das ist Grund genug, sie zu verurteilen.» Ich bin dann nach
Berlin-Moabit gekommen, wo ich mit vielen Offiziersfrauen zusammen war, deren Männer mit dem verfehlten Attentat auf Hitler zu tun gehabt hatten.

Willi Dreßen, Leiter der Zentralen Stelle
der Landesjustizverwaltungen zur Aufklärung
nationalsozialistischer Verbrechen in Ludwigsburg:
Ich kenne Fälle, wo Wehrmachtsangehörige sich geweigert haben, an Erschießungen von Zivilisten teilzunehmen. Nicht in einem einzigen Fall hatte das schwere Folgen für die Betroffenen.
Niemand wurde erschossen, wenn er sich weigerte, einen Befehl

auszuführen. Natürlich wurden solche Soldaten in der Kantine als Schlappschwänze beschimpft, natürlich war es ihrer Karriere nicht förderlich, aber sie mußten nicht um ihr Leben fürchten. Daß immer das Gegenteil behauptet wird, ist aus den Verteidigungsstrategien in den Nürnberger Prozessen und den Nachfolgeprozessen entstanden. Die Angeklagten behaupteten stets, sie hätten so handeln müssen, weil sie sonst erschossen worden wären.

Prof. Dr. Erich Kosthorst, Oberleutnant, trat nach dem Fall Stalingrads in sowjetischer Gefangenschaft dem Bund Deutscher Offiziere bei:

Stalingrad war für uns ein Schock. Wir fragten uns mehr und mehr, wie kann ein Oberbefehlshaber des Heeres, der zugleich Staatsoberhaupt ist, Schlacht auf Schlacht weitermachen, wo man doch jetzt die Katastrophe absehen konnte. Warum verhinderte die Generalität dieses Desaster nicht? Selbst wir kleinen Offiziere erkannten doch schon, daß dieser Krieg in eine deutsche und europäische Katastrophe führen würde.

Großen Einfluß auf unser Denken und Handeln hatte General von Seydlitz. Er gehörte zum Stab um Paulus. Seydlitz ist schließlich nach einem langen inneren Ringen zum Nationalkomitee Freies Deutschland übergetreten und wurde dort Präsident des Bundes Deutscher Offiziere. Er hat seinen Handlungsspielraum sorgfältig abgewogen. Er wußte von den russischen Absichten und Intentionen, aber er kannte auch die deutschen Interessen. Wir hörten ihn in den Radiosendungen des Nationalkomitees. Durch Briefe hat er versucht, die deutschen Feldmarschälle zum Widerstand zu bewegen. Er ist damit gescheitert, aber dieses Scheitern war nicht von vornherein vorauszusehen. Und wir haben uns gesagt: Gut, was er tut, können wir nicht tun, aber wir können eine Basis für seine Absichten bilden, einen Rückhalt geben – und sind ebenfalls in den Bund Deutscher Offiziere eingetreten. Wir hatten uns vorher auch vergewissert, daß es Seydlitz gelungen war, den Einfluß des linken Flügels im Nationalkomitee um Pieck und Ulbricht zurückzudrängen.

Kurz nach dem Attentat trifft Hitler, die verletzte rechte Hand trägt er im Verband, mit NS-Führungsoffizieren zusammen, die den militärischen Kommandeuren wegen deren latenter politischer Unzuverlässigkeit seit Ende 1943 zugeordnet sind.

Ingrid Wiedemann, Tochter von Walther von Seydlitz:
Ich war damals, 1944, zehn Jahre alt, als mein Vater in Abwesenheit zum Tode verurteilt wurde. Ich hielt mich zu der Zeit gerade in einem Kinderheim in Bayern auf. Die Gestapo holte mich dort ab und brachte mich in ein Gestapo-Kinderheim, in dem alle Kinder von Offizieren des 20. Juli festgehalten wurden. Meine beiden älteren Schwestern und meine Mutter kamen ins Gefängnis. Wir wußten nichts voneinander.

Mein Vater kam 1955 aus der russischen Gefangenschaft zurück und wurde immer noch als Verräter angesehen, auch von früheren Bekannten und Mitarbeitern. Er hat viele Demütigungen hinnehmen müssen. Wir wohnten damals in Verden, einer kleinen Stadt. Es wurde dort so schlimm, daß sich meine Eltern nach einem halben Jahr entschlossen, nach Bremen zu ziehen. Bremen war größer, man konnte hier etwas anonymer leben, und es gab hier auch Menschen, die meinem Vater wohlgesonnen waren und ihn mochten.

Professor Gerhard Dengler, Hauptmann
im Kessel von Stalingrad:

Nach dem letzten Flugblatt der sowjetischen Armeeführung, das sehr ehrenvoll war, ging ich zu meinem Regimentskommandeur und sagte ihm: «Das muß man doch unbedingt annehmen. Wir können doch hier nicht sinnlos sterben.» Er hatte aber schon vom Armeequartier die Mitteilung bekommen, daß das Kapitulationsangebot strikt abgelehnt wird. Obwohl ich schwer verwundet war, habe ich mich dann zum Armeequartier durchgeschlagen und konnte schließlich auch mit Paulus sprechen. Paulus sagte mir: «Herr Hauptmann, Sie haben es leicht, Sie sehen nur das Weiße im Auge des Feindes, wir aber hier im Stab der Armee müssen dem Führerhauptquartier folgen.» Ich schilderte ihm die Stimmung unter den Soldaten. Nach einer Weile antwortete er mir: «Herr Hauptmann, jetzt ist die schwere Stunde gekommen, wo die Initiative auf die unteren Truppenführer übergeht.»

Ich habe das zuerst nicht verstanden. Doch dann begriff ich: Die Herren Generäle sind zu feige zu kapitulieren und dem Führerbefehl zu widerstehen; wir kleinen Offiziere sollen jetzt selbst entscheiden. Mein Entschluß stand fest: Du läßt deine Soldaten hier nicht sinnlos krepieren.

Der Ablauf der Kapitulation gestaltete sich dann sehr schwierig. Uns wurde von der Nachbardivision angedroht: Wir erschießen jeden, der überläuft. Aber es gelang mir schließlich doch, einen Weg zu finden. Und das Erstaunliche war: Große Teile der Nachbardivision schlossen sich uns an.

In Stalingrad ist mein bürgerliches Leben verbrannt. Ich hatte feige Generäle gesehen; ich hatte Ärzte erlebt, die die Lebensmittelrationen, die für Gefangene vorgesehen waren, selbst aufgegessen haben. Ich sah Pfarrer, die den letzten Segen erteilten und dabei den Toten nach etwas Eßbarem und Rauchbarem abtasteten. Die bürgerliche Welt, aus der ich kam, war in Stalingrad verbrannt.

In der Gefangenschaft überlegte ich mir dann: Du mußt irgend etwas tun, damit Hitler aus Deutschland nicht ein großes Stalingrad macht. So wie du die Soldaten nicht hast sterben lassen, so darf man auch das deutsche Volk nicht sterben lassen. Ich habe mich dann offen zu den Zielen des Nationalkomitees Freies Deutschland bekannt – und rief damit deutliche Mißfallensbekundungen der meisten Offiziere hervor. Meine eigenen Regimentskameraden machten fortan einen Bogen um mich, vor mir wurde ausgespuckt, ich wurde total isoliert. Das ist eine harte Strafe in der Gefangenschaft. Aber ich wußte und richtete mich daran auf: Es ist viel leichter, gehorsam zu sein, als seinem Gewissen zu folgen und den Treueid zu brechen. Diejenigen, die damals ihrem Gewissen folgten, waren sehr mutige, kühne Leute.

Am 7. August 1944 beginnen vor dem «Volksgerichtshof» die Prozesse gegen die Attentäter. Bereits am folgenden Tag werden Generalmajor Erwin von Witzleben und sieben weitere Offiziere «ehrlos» durch den Strang hingerichtet.

7. DAS ERBE

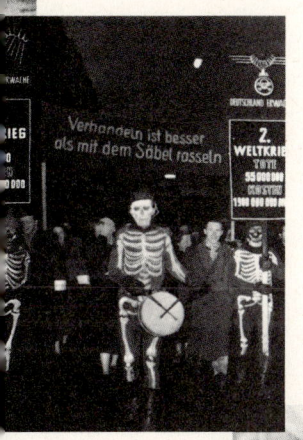

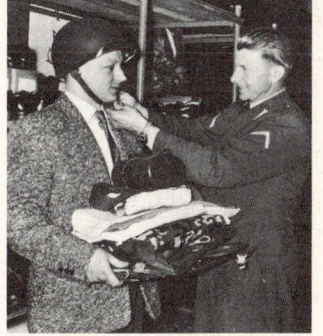

Mit der Unterzeichnung der bedingungslosen Gesamtkapitulation am 8./9. Mai 1945 in Berlin-Karlshorst war das Schicksal der deutschen Wehrmacht endgültig besiegelt. Sie hörte auf zu existieren. Die Institution wurde per Dekret abgeschafft, die Soldaten und Offiziere marschierten in Gefangenenlager, Kerker und vor Tribunale.

Wilhelm Keitel, Hitlers treuester Soldat, der am 8. Mai noch trutzig und formvollendet mit Monokel und Marschallstab aufgetreten war, wirkte ein Jahr später vor dem Internationalen Militärgerichtshof in Nürnberg schon etwas nachdenklicher: «Ich habe geglaubt. Ich habe geirrt und war nicht imstande zu verhindern, was hätte verhindert werden müssen. Das ist meine Schuld. Es ist tragisch, einsehen zu müssen, daß das Beste, was ich als Soldat zu geben hatte, Gehorsam und Treue, für nicht erkennbare Absichten ausgenutzt wurde und daß ich nicht sah, daß auch der soldatischen Pflichterfüllung eine Grenze gesetzt ist. Das ist mein Schicksal.» Die Wehrmacht wurde mit all ihren Teilstreitkräften im Zuge der bedingungslosen Kapitulation vollständig aufgelöst und demobilisiert. Einzelne Truppenteile wurden in der alten militärischen Struktur belassen, um auf Befehl der Siegermächte die verschiedensten Ordnungs- und Sicherungsaufgaben zu übernehmen. Sie verstärkten Polizei und Feuerwehr, räumten Minen in Nord- und Ostsee – in deutscher Uniform, mit abgetrennten Hoheitsabzeichen.

Einige Offiziere setzten sich nach Südamerika ab. Argentinien beispielsweise «erbte» fast 100 hochrangige deutsche Luftwaffenexperten, unter ihnen Generalleutnant Adolf Galland und Oberst Hans Ulrich Rudel, die sich beim Aufbau der argentinischen Luftwaffe hervortaten. Jene, die in Deutschland blieben oder später wieder heimkehrten, hatten sich neu zu orientieren, unter Aufsicht der Siegermächte: Umherziehung und Anpassung. Unter der strengen Aufsicht der Besatzungsmächte formierte sich aus der Konkursmasse der Wehrmacht allmählich ein

neues «Erbgut», welches sowohl den Entmilitarisierungsvorstel-
lungen der westlichen Alliierten als auch dem Sicherheitsbedürf-
nis des östlichen Siegers entsprach. Die deutsche Militärelite
machte ihren Frieden mit den Besatzern, stellte sich auf das neue
Koordinatensystem der europäischen Nachkriegsordnung ein
und sicherte sich so, partiell zumindest, ihr Überleben. Keitel,
Jodl und andere waren freilich nicht mehr zu retten. Die Verbrechen der Wehrmacht ließen sich nicht mit der Totalität des Krieges rechtfertigen und erwiesen sich letztlich auch als Ausdruck
der Totalität des Charakterverlustes der Wehrmachtsführung.

Vor dem sich abzeichnenden Ost-West-Konflikt freilich wurden deutsche Soldaten rasch wieder gebraucht. Dafür waren die
Siegermächte zu Zugeständnissen bereit. Souveränität oder Teil-
souveränität konnten die beiden deutschen Staaten nur erlangen,
wenn sie Beiträge zu den jeweiligen Militärbündnissen leisteten.
Unter diesen Voraussetzungen waren manche ehemaligen Wehrmachtssoldaten – trotz einer weitverbreiteten «Ohne mich»-Stim-
mung – bereit, ihre Erfahrungen einer neuen Armee zur Verfügung zu stellen. Sowohl die Bundeswehr als auch die Nationale
Volksarmee waren auf diese Ehemaligen angewiesen. Adenauer:
«Ich glaube, daß mir die NATO achtzehnjährige Generäle nicht
abnehmen wird.» In der Bundesrepublik wurden alle Bewer-
ber durch einen Personalgutachter-Ausschuß geschleust. Die Offiziere sind damit die einzige Berufsgruppe, die sich vor einer
Wiederverwendung einer Überprüfung im Hinblick auf die NS-
Vergangenheit stellen mußte.

Auf der einen Seite der Front, die jetzt mitten durch Deutschland ging, fühlten sich viele dazu aufgerufen, den freien Teil des
Landes gegen die Bedrohung durch eine neue totalitäre Macht zu
verteidigen, auf der anderen Seite glaubten manche der SED-Pro-
paganda, die behauptete, daß im Westen die alten Nazigeneräle
mit Hilfe der NATO einen neuen Weltkrieg vorbereiteten.

Der komplizierte Prozeß der Einbindung des militärischen Er-
bes in die Demokratie ist ein eigenes Kapitel westdeutscher Nach-
kriegsgeschichte. Es endete 1990 mit der Auflösung der NVA und
einer drastischen Reduzierung deutscher Streitkräfte, denen inzwischen ins Stammbuch geschrieben wurde, daß die Wehrmacht nicht traditionswürdig ist. Damit dürfte Hitlers Wehrmacht endgültig beerdigt worden sein.

Dokumente

**Aus der Erklärung der Alliierten «in Anbetracht
der Niederlage Deutschlands» (5. Juni 1945)**
Die deutschen Streitkräfte zu Lande, zu Wasser und in der Luft
sind vollständig geschlagen und haben bedingungslos kapituliert, und Deutschland, das für den Krieg verantwortlich ist, ist
nicht mehr fähig, sich dem Willen der siegreichen Mächte zu wi-
dersetzen. Dadurch ist die bedingungslose Kapitulation Deutschlands erfolgt, und Deutschland unterwirft sich allen Forderungen, die ihm jetzt oder später auferlegt werden [...]
Artikel 1
Deutschland und alle deutschen Behörden des Heeres, der
Kriegsmarine und der Luftwaffe und alle Streitkräfte unter deutschem Befehl stellen sofort auf allen Kriegsschauplätzen die
Feindseligkeiten gegen die Streitkräfte der vereinten Nationen zu
Lande, zu Wasser und in der Luft ein.
Artikel 2
a) Sämtliche deutschen oder von Deutschland kontrollierten
Streitkräfte, einschließlich Land-, Luft-, Flugabwehr- und See-
streitkräfte, die Schutzstaffeln, die Sturmabteilungen, die Ge-
heime Staatspolizei und alle sonstigen mit Waffen ausgerüsteten
Verbände und Hilfsorganisationen, wo sie sich auch immer befinden mögen, werden restlos entwaffnet, indem sie Waffen und
Gerät an die örtlichen Alliierten Befehlshaber bzw. an die von
den Alliierten Vertretern namhaft zu machenden Offiziere ablie-
fern.

**Aus dem Potsdamer Abkommen der USA, UdSSR
und Großbritanniens (2. August 1945)**
Die Ziele der Besetzung Deutschlands, durch welche der Kon-
trollrat sich leiten lassen soll, sind:

(I) Völlige Abrüstung und Entmilitarisierung Deutschlands und

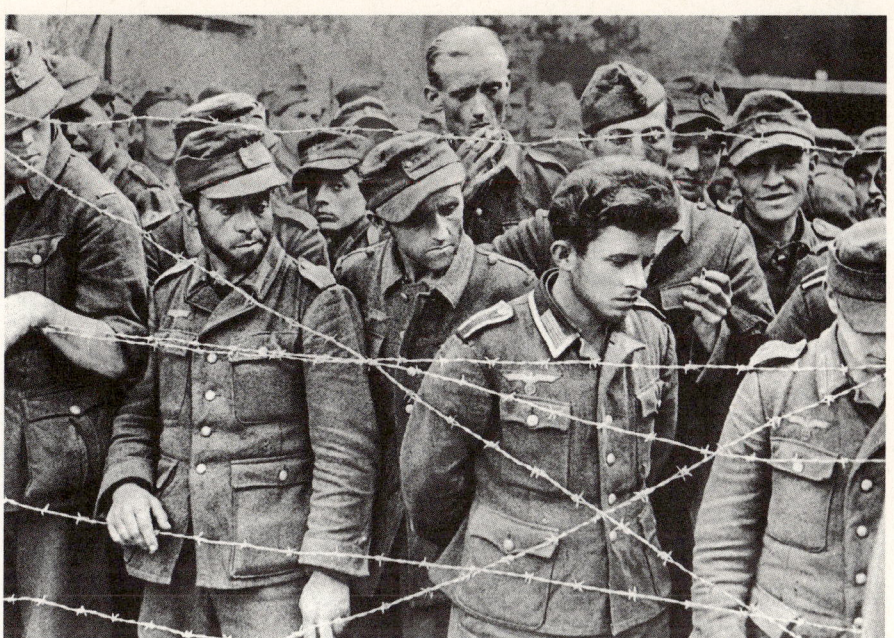

Im August 1944 schließen vorwiegend kanadische Verbände etwa 125 000 deutsche Soldaten im Kessel von Falaise in der Normandie ein. Nach der Zerschlagung des Kessels geben die Alliierten die deutschen Verluste mit 100 000 Toten und Gefangenen an. Viele der Gefangenen werden zur Arbeitsleistung nach Nordamerika verbracht.

die Ausschaltung der gesamten deutschen Industrie, welche für eine Kriegsproduktion benutzt werden kann oder deren Überwachung. Zu diesem Zweck:

a) werden alle Land-, See- und Luftstreitkräfte Deutschlands, SS, SA, SD und Gestapo mit allen ihren Organisationen, Stäben und Ämtern, einschließlich des Generalstabes, des Offizierskorps, der Reservisten, der Kriegsschulen, der Kriegervereine und aller anderen militärischen und halbmilitärischen Organisationen zusammen mit ihren Vereinen und Unterorganisationen, die den Interessen der Erhaltung der militärischen Tradition dienen, völlig und endgültig aufgelöst, um damit für immer der Wiedergeburt oder Wiederaufrichtung des deutschen Militarismus und Nazismus vorzubeugen;

b) müssen sich alle Waffen, Munition und Kriegsgerät und alle Spezialmittel zu deren Herstellung in der Gewalt der Alliierten befinden oder vernichtet werden. Der Unterhaltung und Herstel-

lung aller Flugzeuge und aller Waffen, Ausrüstung und Kriegs-
geräte wird vorgebeugt werden.

(II) Das deutsche Volk muß überzeugt werden, daß es eine totale
militärische Niederlage erlitten hat und daß es sich nicht der Verantwortung entziehen kann für das, was es selbst dadurch auf
sich geladen hat, daß seine eigene mitleidlose Kriegführung und
der fanatische Widerstand der Nazis die deutsche Wirtschaft zerstört und Chaos und Elend unvermeidlich gemacht haben [...]

Die drei Regierungen haben von dem Meinungsaustausch
Kenntnis genommen, der in den letzten Wochen in London zwischen britischen, USA-, sowjetischen und französischen Vertretern mit dem Ziele stattgefunden hat, eine Vereinbarung über die
Methode des Verfahrens gegen alle Hauptkriegsverbrecher zu erzielen [...] Die drei Regierungen bekräftigen ihre Absicht, diese
Verbrecher einer schnellen und sicheren Gerichtsbarkeit zuzuführen. Sie hoffen, daß die Verhandlungen in London zu einer
schnellen Vereinbarung führen, die diesem Zwecke dient, und sie
betrachten es als eine Angelegenheit von größter Wichtigkeit,
daß der Prozeß gegen diese Hauptverbrecher zum frühestmög-
lichen Zeitpunkt beginnt.

*(Der Prozeß gegen die Hauptkriegsverbrecher wird am 20. Novem-
ber 1945 in Nürnberg eröffnet und endet nach 403 öffentlichen Sit-
zungen am 1. Oktober 1946 mit der Urteilsverkündung. Hermann
Göring, Joachim von Ribbentrop, Wilhelm Keitel, Ernst Kaltenbrunner, Alfred Rosenberg, Hans Frank, Wilhelm Frick, Julius
Streicher, Fritz Sauckel, Alfred Jodl, Martin Bormann (in Abwesenheit) und Arthur Seyß-Inquart werden zum Tod durch
den Strang, Rudolf Heß, Walter Funk und Erich Raeder zu lebens-
länglicher Haft, Baldur von Schirach und Albert Speer zu je 20 Jahren, Konstantin Freiherr von Neurath zu 15 und Karl Dönitz zu
10 Jahren Haft im Kriegsverbrecher-Gefängnis der vier Alliierten in
Berlin-Spandau verurteilt; Hjalmar Schacht, Franz von Papen und
Hans Fritzsche werden freigesprochen. Während das Korps der politischen Leiter der NSDAP sowie Gestapo, SD und SS zu verbrecherischen Organisationen erklärt werden, bleiben Generalstab
und Oberkommando der Wehrmacht, SA und Reichsregierung davon
verschont. Von 1947 bis 1949 führen die USA in Nürnberg zwölf
weitere Prozesse gegen Generalität, Ministerialbürokratie, Indu-
strielle sowie Partei- und SS-Funktionäre.)*

Heimkehrer wie diese beiden gehören in den Nachkriegsjahren zum gewohnten Straßenbild überall in Deutschland.

Aus dem in der amerikanischen Besatzungszone erlassenen «Gesetz zur Befreiung von Nationalsozialismus und Militarismus» (5. März 1946)

Meldeverfahren

Artikel 3

1. Zur Aussonderung aller Verantwortlichen und zur Durchführung des Gesetzes wird ein Meldeverfahren eingerichtet.

2. Jeder Deutsche über 18 Jahren hat einen Meldebogen auszufüllen und einzureichen.

3. Die näheren Bestimmungen trifft der Minister für politische Befreiung.

Gruppen der Verantwortlichen

Artikel 4

Zur gerechten Beurteilung der Verantwortlichkeit und zur Heranziehung zu Sühnemaßnahmen werden folgende Gruppen gebildet:

1. Hauptschuldige

2. Belastete (Aktivisten, Militaristen, Nutznießer)

3. Minderbelastete (Bewährungsgruppe)

4. Mitläufer

5. Entlastete.

Hauptschuldige

Artikel 5

Hauptschuldiger ist:

1. Wer aus politischen Beweggründen Verbrechen gegen Opfer oder Gegner des Nationalsozialismus begangen hat;

2. wer im Inlande oder in den besetzten Gebieten ausländische Zivilisten oder Kriegsgefangene völkerrechtswidrig behandelt hat;

3. wer verantwortlich ist für Ausschreitungen, Plünderungen, Verschleppungen oder sonstige Gewalttaten, auch wenn sie bei der Bekämpfung von Widerstandsbewegungen begangen worden sind;

4. wer sich in einer führenden Stellung der NSDAP, einer ihrer Gliederungen oder eines angeschlossenen Verbandes oder einer anderen nationalsozialistischen oder militaristischen Organisation betätigt hat;

5. wer sich in der Regierung des Reiches, eines Landes oder in der Verwaltung der früher besetzten Gebiete in einer führenden Stellung betätigt hat, wie sie nur von führenden Nationalsozialisten oder Förderern der nationalsozialistischen Gewaltherrschaft bekleidet werden konnte;

6. wer sonst der nationalsozialistischen Gewaltherrschaft außerordentliche politische, wirtschaftliche, propagandistische oder sonstige Unterstützung gewährt hat oder wer aus seiner Verbindung mit der nationalsozialistischen Gewaltherrschaft für sich oder andere sehr erheblichen Nutzen gezogen hat;

7. wer in der Gestapo, dem SD, der SS, Geheimen Feld- oder Grenzpolizei für die nationalsozialistische Gewaltherrschaft tätig war;

8. wer sich in einem Konzentrationslager oder Arbeitslager oder in einer Haft-, Heil- oder Pflegeanstalt an Tötungen, Folterungen oder sonstigen Grausamkeiten in irgendeiner Form beteiligt hat;

9. wer aus Eigennutz oder Gewinnsucht aktiv mit der Gestapo, SS, dem SD oder ähnlichen Organisationen zusammengearbeitet hat, indem er Gegner der nationalsozialistischen Gewaltherrschaft denunzierte oder sonst zu ihrer Verfolgung beitrug.

Sammel- und Übergangslager für ehemalige Wehrmachtsangehörige in Friedland: Erst fünf bis
zehn Jahre nach Kriegsende kehren viele Gefangene nach Deutschland zurück. Und viele Kinder,
wie dieses, sehen ihren Vater zum ersten Mal.

**Aus Konrad Adenauers geheimem «Memorandum
über die Sicherung des Bundesgebietes nach innen und
außen» (30. August 1950)**
Der Bundeskanzler hat ferner wiederholt seine Bereitschaft erklärt, im Falle der Bildung einer internationalen westeuropäi-
schen Armee, einen Beitrag in Form eines deutschen Kontingents
zu leisten. Damit ist eindeutig zum Ausdruck gebracht, daß der
Bundeskanzler eine Remilitarisierung Deutschlands durch Aufstellung einer eigenen nationalen militärischen Macht ablehnt. 207

**Aus einer Rede von Bundeskanzler Adenauer
im Deutschen Bundestag (5. April 1951)**

Und nun noch ein Wort an die Angehörigen der früheren Wehrmacht! Mit der Regelung der Rechtsverhältnisse der unter Art. 131 des Grundgesetzes fallenden Personen in dem zu verabschiedenden Gesetz wird äußerlich dokumentiert sein, daß keinerlei Diskriminierung dieser Personengruppe gegenüber den einheimischen Beamten und Pensionären besteht. Das Gefühl einer solchen Diskriminierung hat bisher neben den finanziellen Nöten eine psychologisch unheilvolle Rolle gespielt. Dies gilt insbesondere für die Berufssoldaten der früheren Wehrmacht, die in der Zeit nach dem Zusammenbruch durch Sondermaßnahmen wie das Kontrollgesetz Nr. 34 betroffen waren und ganz zu Unrecht in ihrer Gesamtheit für den verlorenen Krieg verantwortlich gemacht wurden, obgleich sie zumeist nur ihre Pflicht erfüllt haben. Niemand darf die Berufssoldaten wegen ihrer früheren Tätigkeit tadeln und sie, soweit sie im öffentlichen Dienst unterzubringen sind, bei gleicher persönlicher und fachlicher Eignung hinter anderen Bewerbern zurücksetzen. Das Kapitel der Kollektivschuld der Militaristen neben den Aktivisten und Nutznießern des nationalsozialistischen Regimes muß ein für allemal beendet sein.

**Aus einer Note der sowjetischen Regierung an die Westmächte
(9. April 1952)**

In dem sowjetischen Entwurf eines Friedensvertrages mit Deutschland heißt es: «Es wird Deutschland gestattet sein, eigene nationale Streitkräfte (Land-, Luft- und Seestreitkräfte) zu besitzen, die für die Verteidigung des Landes notwendig sind.»

Die Sowjetregierung hat bekanntlich einen gleichartigen Vorschlag auch zum Entwurf eines Friedensvertrages mit Japan gemacht. Ein solcher Vorschlag entspricht den Grundsätzen der nationalen Souveränität und der Gleichberechtigung der Staaten. Es ist undenkbar, daß Japan ein Recht auf nationale, für Zwecke der Landesverteidigung bestimmte Streitkräfte haben sollte, während Deutschland dieses Rechtes beraubt und in eine schlechtere Lage versetzt sein sollte.

Es kann kein Zweifel darüber bestehen, daß es sowohl für die Sache des Friedens als auch für die deutsche Nation bedeutend besser wäre, solche für die Verteidigung bestimmte Streitkräfte

Sechs Jahre nach Kriegsende scheinen Grauen und Schuld vergessen. Soldatenverbände formieren sich, um der «guten alten Zeiten» zu gedenken. Hier kündigt ein Plakat einen Kameradschaftsabend der «Grünen Teufel» im Juli 1951 an.

Und auch andere mögen nicht länger nur «bereuen»: Im Oktober 1952 findet in Verden an der Aller das erste große Nachkriegstreffen von Angehörigen der ehemaligen Waffen-SS statt.

zu schaffen, als in Westdeutschland Söldnertruppen der Revanchepolitiker mit faschistischen Hitler-Generälen an die Spitze zu stellen, die bereit sind, Europa in den Abgrund eines dritten Weltkrieges zu stürzen.

Aus einer Rede des stellvertretenden Ministerpräsidenten der DDR, Lothar Bolz, vor der Volkskammer (2. Oktober 1952)
Die Regierung hat in ihrer Sitzung am 25. September beschlossen, bei der Volkskammer eine Gesetzesvorlage über die staatsbürgerlichen Rechte der ehemaligen Offiziere der faschistischen Wehrmacht und der ehemaligen Mitglieder und Anhänger der Nazipartei einzubringen, und mich beauftragt, die Vorlage zu begründen. Die Verbrechen des Hitlerfaschismus und der Hitlerwehrmacht gegen den Frieden anderer Völker wie gegen das Leben des eigenen Volkes sind aus der Geschichte nicht wegzuwischen. Mit Gräbern und Ruinen ist der Weg der Hitlerwehrmacht durch überfallene Länder gekennzeichnet, und auch die Gräber und Ruinen in Deutschland, die heutige schwere Last unseres Vaterlandes, seine Zerreißung und nationale Not erinnern uns Tag für Tag an das elende Erbe des Hitlerfaschismus.

Seit der Zerschlagung der Hitlerherrschaft und ihrer bedingungslosen Kapitulation im Jahre 1945 sind wir einen neuen Weg gegangen, den Weg, der über die Ausrottung des Nationalsozialismus und Militarismus in ein besseres, in ein demokratisches und friedliebendes Deutschland führt [...] Die Kriegsverbrecher wurden bestraft. Sie hatten die Verantwortung für ihre Verbrechen in vollem Umfange zu tragen. Sie traf die ganze Strenge des Gesetzes, und diese Strenge soll auch dazu beitragen, Leute, die heute neue Kriegsverbrechen vorbereiten wollen, nachdenklich zu stimmen. Der Masse der ehemaligen Mitglieder der NSDAP sowie der früheren Offiziere der Hitlerwehrmacht aber, die sich persönlich keines Verbrechens schuldig gemacht hatten, wurde die Forderung gestellt und die Möglichkeit gegeben, sich mit ihrer eigenen Vergangenheit ernsthaft auseinanderzusetzen, die Schlußfolgerungen zu ziehen und Schuld und Irrtum der Vergangenheit durch tätigen Einsatz bei der Errichtung eines neuen Deutschland auszulöschen [...] Zu vielen Tausenden haben sie sich im Beruf wie in der gesellschaftlichen Arbeit für den Aufbau unserer antifaschistisch-demokratischen Ordnung eingesetzt und

Die angekündigte Wiederbewaffnung
der Bundesrepublik spaltet die Bevölkerung: Hier demonstriert die bayerische
Gewerkschaftsjugend im November 1954
gegen die Wiederaufrüstung.

Im Februar 1955 ziehen Demonstranten
mit Skelettkostümen über den Königs-
platz in München, um gegen die Gründung der Bundeswehr und die Wiedereinführung der allgemeinen Wehrpflicht
zu protestieren.

an der Erfüllung und Überbietung unsers Volkswirtschaftsplanes mitgearbeitet. Viele von ihnen sind in der Nationalen Front des demokratischen Deutschland, in den Friedenskomitees, in unseren antifaschistisch-demokratischen Parteien und Massenorganisationen tätig und tragen so zur Lösung der nationalen Lebensfragen unseres Volkes auf demokratischer Grundlage bei.

Angesichts dieser Tatsache ist es an der Zeit, den letzten Schritt zu tun, alle und jede Einschränkung, die der vollen staatsbürgerlichen Gleichberechtigung der ehemaligen Mitglieder der NSDAP und der früheren Offiziere noch entgegensteht, aufzuheben und deren Gleichberechtigung, ohne Rücksicht auf die Vergangenheit, restlos und ein für allemal herzustellen.

Aus dem Beschluß der 25. Tagung des Zentralkomitees der Sozialistischen Einheitspartei Deutschlands (27. Oktober 1955)

Nach den Bestimmungen der Verfassung der Deutschen Demokratischen Republik ist der Schutz der Deutschen Demokratischen Republik, des Vaterlandes der Werktätigen, die ehrenvolle, nationale Pflicht jedes Bürgers. Die bewaffneten Streitkräfte der Deutschen Demokratischen Republik werden geschaffen, nachdem die Wurzeln des Imperialismus in der Deutschen Demokratischen Republik beseitigt wurden und das Volk von der Herrschaft des deutschen Monopolkapitals und der Junker befreit wurde. Aufgabe der bewaffneten Kräfte ist es, die Heimat und die sozialistischen Errungenschaften des Volkes zu schützen und durch ihre ständige Bereitschaft den westdeutschen Militaristen den Drang nach militärischen Provokationen zu nehmen. Die bewaffneten Kräfte der Deutschen Demokratischen Republik unterscheiden sich grundsätzlich von der westdeutschen Söldnerarmee, die unter dem Kommando amerikanischer Offiziere, geführt von revanchelüsternen Offizieren der Hitlerwehrmacht, den Interessen des westdeutschen und amerikanischen Monopolkapitals dient.

Bundeswehrgeneral Heusinger, der als Wehrmachtsoffizier der Widerstandsgruppe um General Beck nahestand, überreicht am 13. Januar 1956 450 neuen Soldaten die Verpflichtungsscheine.

Nach der Vereidigung der ersten Rekruten am 30. April 1956 übergibt der Minister für Nationale Verteidigung, Generaloberst Willi Stoph, dem ersten Regiment der Nationalen Volksarmee der DDR die Regimentsfahne.

Zeitzeugen

Gerd Schmückle, General der Bundeswehr a. D.:
Ich habe mich nie durch den Eid an Hitler gebunden gefühlt. Ich fühlte mich durch den Eid an Deutschland gebunden. Ich habe während des Krieges keine Sekunde gedacht, daß ich für Adolf Hitler kämpfen oder gar fallen würde. Heute glaubt das niemand. Aber so habe ich das empfunden, und so habe ich das erlebt. Ich war nicht glücklich über dieses Kriegsende. Ich war traurig, daß dieses Deutsche Reich zerbrochen war. Erst später, als man in den Nürnberger Prozessen hörte, was alles geschehen war, wurde mir klar, daß es eine Befreiung war. Nürnberg war im übrigen in manchen Punkten fragwürdig, aber es war doch ein erster richtungsweisender Schritt hin zum Versuch einer Gerechtigkeit, daß man nicht nur die Kleinen hängt und die Großen laufenläßt.

Der Grundgedanke der Erziehung in der Wehrmacht war, jedem einzelnen den Willen zu brechen und dann einen neuen Willen in der Gemeinschaft aufzubauen. Dieses Erziehungssystem habe ich von Anfang an abgelehnt. Meine Vorstellung war: die Individualitäten erhalten und so einsetzen, daß der Soldat ein mitdenkender, ein politisch mitdenkender Soldat wird.

Speidel hat schon vor der Gründung der Bundeswehr den Gedanken in die Diskussion gebracht: Wenn eine neue deutsche Armee aufgebaut wird, dann darf Deutschland nicht mehr am Rhein verteidigt werden; das ganze westliche Deutschland müsse in den Schutz des westlichen Bündnisses geraten. Das war damals eine sehr weitgreifende Idee, die ja später von Franz Josef Strauß zusammen mit General Heusinger und General Speidel durchgeführt wurde.

Am 20. 1. 1956 hat die Bundesrepublik Deutschland ihre volle Souveränität wiedererlangt. Adenauer kam mit seiner Begleitung aus Bonn. Es war eher eine traurige Feier. Adenauer schritt mit großem Ernst die Reihen ab und hielt eine kleine Rede. Aber ich

Eine Broschüre des Verteidigungsministeriums
soll Überzeugungsarbeit leisten.

hörte ihn anschließend im kleinen Kreis mit den Generalen Heusinger und Speidel, und ein Wort ist mir unvergeßlich geblieben:
«Ein Staat, der nicht in der Lage oder nicht willens ist, sich an
seinen Grenzen zu verteidigen, das ist ein Unstaat. Und von heute
ab sind wir ein Staat, und wir haben wieder Souveränität.»

Ich fand, das war eine revolutionäre Wendung in der deutschen Politik. Wir waren zum ersten Mal aus unserer unglückli-
chen geostrategischen Lage in der Mitte Europas befreit. Wir
waren zum ersten Mal an der Seite der großen Seemächte Amerika, England und Frankreich. Wir waren zum ersten Mal in die
Gemeinschaft demokratischer Staaten eingebettet. Es war eine
Revolution sondergleichen, die seltsamerweise von den meisten
Deutschen damals nicht verstanden wurde. Es gab ja eine ungeheuer emotionale Bewegung gegen die Wiederaufrüstung. Das
Ansehen der Armee, der Soldaten war sehr schlecht. Einige Soldaten von uns, die in Hamburg in Uniform ausgegangen waren,
wurden halbtot geschlagen. Wir wurden beschimpft, bespuckt.
Der Soldat war damals der wohl unangesehenste Mann in
Deutschland.

Dr. Erich Mende, Major und Bataillonsadjutant,
Mitbegründer der FDP, BRD-Vizekanzler a. D.:

Am 8. Mai 1945 hörten wir an zwei Rundfunkgeräten, welche die britischen Offiziere uns zur Verfügung gestellt hatten, die Kundgebung aus London mit dem Siegesjubel, dem Glockenläuten und waren tief, tief betroffen, denn es begann eine neue Zeit: für England und Amerika, für Rußland und Frankreich das Siegeszeitalter, für das deutsche Volk das Zeitalter der Buße, der Schuld, der Sühne, ja der Vernichtung. Diese tiefe Depression kam allerdings nicht überraschend. Wir hatten es ja geahnt, wir wußten ja zum Teil, daß nun eine lange Zeit tiefster Not in der zerstörten Heimat kommen würde.

Mir war klar, daß ich als Major der Wehrmacht beruflich bei Null angekommen war. Ich hatte ursprünglich vor, zum Westdeutschen Rundfunk zu gehen. Das wurde abgelehnt, denn aktive Offiziere hatten keine Chance, im öffentlichen Dienst oder im Rundfunk- oder Pressewesen unterzukommen. Dann hoffte ich, bei der Polizei in Köln, bei der Kommunalverwaltung, beim Ordnungsamt eine Funktion zu finden. Abgelehnt. Und da sagte ich mir: Gut, du wirst tatsächlich bei Null anfangen, du wirst studieren.

Wir Studenten der Rechtswissenschaft in Köln haben die Nürnberger Prozesse abgelehnt. «Keine Strafe ohne Gesetz»; die ganze Nürnberger Gerichtssprechung basierte ja auf neu erlassenen Alliiertengesetzen. Also es war Siegerjustiz, und Siegerjustiz wird zwangsläufig Willkürjustiz, vielleicht sogar Rachejustiz.

Als der Korea-Krieg im Sommer 1950 ausbrach, ging ein Schock durch die Bevölkerung. Wir fürchteten, daß ähnliches sich im zweigeteilten Deutschland ereignen könne, zumal in der DDR schon die Kasernierte Volkspolizei existierte und dort die Aufstellung von motorisierten Verbänden in vollem Gange war. Alte Wehrmachtsgeneräle wie Vincenz Müller oder Dr. Korfes liefen dort schon in der Uniform der späteren Nationalen Volksarmee herum. Wir machten einen Unterschied, ob man einer demokratischen Ordnung dient oder einem diktatorischen, einem totalitären System.

Wir hatten im Dezember 1949 im Bundestag die erste Diskussion über das Thema Remilitarisierung, und der Bundestag hat einstimmig eine Wiederbewaffnung abgelehnt. Spätestens 1951

Hans Speidel im Juni 1940 als Chef des Stabes des Militärbefehlshabers in Frankreich mit Adolf
Hitler und Generaloberst Wilhelm Keitel (links) vor der Kirche Sacré-Cœur auf dem Montmartre –
und 16 Jahre später (16. April 1956) in Begleitung des NATO-Oberbefehlshabers Atlantik. Admiral Jerauld Wright, beim Abschreiten eines Musikzuges und einer Ehrenkompanie der Bundeswehr im Hof des Bonner Verteidigungsministeriums.

begann ein neues Sicherheitsdenken im Rahmen der Westverträge. Die Frage der Wiederbewaffnung spaltete das Volk, spaltete fast jede Familie. Es war ja auch eine Zumutung ohnegleichen, nach dem Zweiten Weltkrieg wieder an die Aufstellung deutscher Streitkräfte zu denken, wenn auch zunächst in europäischer Gemeinschaft. Das war das Unpopulärste, was die deutsche Politik nach dem Krieg zu bewältigen hatte.

Damals entstand die sogenannte Ohne-mich-Bewegung. Das war eine natürliche Reaktion der Leute auf das, was sie hinter sich hatten. Auf der anderen Seite konnten wir uns die Geschichte nicht aussuchen, in der die Deutschen weiterleben mußten.

General a. D. Johann Adolf Graf von Kielmansegg,
Mitbegründer der Bundeswehr in der Dienststelle Blank,
von 1963 bis 1968 Oberbefehlshaber der verbündeten
Streitkräfte Mitteleuropa:
1950 stand fest: Ost und West sind auseinander. Der Westen hatte folglich die Aufgabe, eine Verteidigung aufzubauen, in die Deutschland irgendwie integriert werden mußte. Für den Bundeskanzler mußte also eine Vorstellung erarbeitet werden, wie denn eine deutsche Verteidigungsleistung konkret aussehen könnte. So kam es zu der Zusammenkunft in Immenrodt und der Immenrodter Denkschrift, in der ausgeführt wurde, wie der deutsche Beitrag zur Verteidigung im einzelnen Gestalt gewinnen könnte, und zwar mit dem Instrument einer nicht nationalen, sondern internationalen europäischen Armee. Diese Denkschrift war dann die Grundlage der Pariser Verhandlungen.

Eigentlich verstieß diese Zusammenkunft gegen geltendes Besatzungsrecht, das wußten wir natürlich. Aber wir hatten ja den Auftrag der Regierung, des Regierungschefs und auch zustimmende Signale der Engländer. Das Entscheidende war: keine nationale, keine eigenständige deutsche, sondern eine Armee, die Teil einer internationalen Armee war. Frankreich paßte das ganz und gar nicht, daß wir diese Dinge mit den Engländern besprachen. Deshalb wurde auch die EVG-Konferenz in Paris einberufen, die, wenn ich mich nicht irre, im Februar oder März 1951 begann.

Es wurde natürlich immer wieder gefragt: Muß man das aus-

Die alten Größen sind wieder gerngesehene Gäste: Bei einem Treffen ehemaliger U-Boot-Fahrer in Hamburg (3. August 1958) ist der frühere Großadmiral Karl Dönitz der Ehrengast.

gerechnet mit Generälen der NS-Zeit, mit ehemaligen Wehrmachtssoldaten machen? Adenauer hat darauf einem Hohen Kommissar geantwortet: «Ich glaube nicht, daß Sie mir achtzehnjährige Generäle für die Aufstellung einer deutschen Armee abnehmen würden.» Wir brauchten die Erfahrungen aus der Wehrmacht und aus der Kriegszeit. Einiges wurde übernommen, vor allem, wenn es um Fragen der Organisation, des Aufbaus der inneren Führung ging; anderes, z. B. das Gesetz des absoluten Gehorsams, sollte auf keinen Fall weitergeführt werden.

Ulrich de Maizière, Generalstabsoffizier der Wehrmacht, ab 1951 Dienststelle Blank, 1966 bis 1972 Generalinspekteur der Bundeswehr:
Die Bildung einer Europa-Armee und, daraus sich entwickelnd, einer europäischen Verteidigungsgemeinschaft war eine französische Initiative. Die Franzosen wollten eine supranationale Armee

mit deutscher Beteiligung unter einem europäischen Verteidigungskommissariat. Es hat sich dann herausgestellt, daß die Zeit für so einen großen Schritt noch nicht reif war. Dieser Schritt hätte vorausgesetzt, daß es auch eine supranationale Außen- und Sicherheitspolitik gab. Hier wäre also eine europäische Armee entstanden ohne europäische politische Autorität. Der französische Vorschlag meinte aber nicht nur eine gemeinsame Verteidigung mit Deutschland, sondern auch einen Schutz vor Deutschland, indem man Deutschland damit einband in eine internationale Organisation.

Als ich im Januar 1951 meinen Dienst antrat, gab es etwa 3500 Soldaten und Angehörige der Waffen-SS, die von alliierten Gerichten verurteilt waren und in deutschen Haftanstalten saßen, darunter eine Vielzahl sehr hoher Offiziere. Für uns war es eine wichtige Frage, daß diese Männer, sofern sie keine wirklichen Kriegsverbrechen begangen hatten, wieder in Freiheit kamen. Die Generäle Heusinger und Speidel, unterstützt vom Bundeskanzler, haben das in aller Stille bei den Alliierten erwirken können, so daß Ende 1951 nur noch die einsaßen, die Dinge getan hatten, die tatsächlich dem Strafrecht unterlagen.

Es ging damals alles unheimlich schnell. Im Sommer 1948 war ich frei, und zweieinhalb Jahre später saß ich am internationalen Konferenztisch als Vertreter der Bundesregierung in Paris. Das mußte man erst mal verkraften. Das war noch nicht einmal der Zeitraum einer Legislaturperiode, in dem sich dieser Wechsel abgespielt hat.

ANHANG

Personenregister

Quellen

Die verwendeten Interviewpassagen (in den Abschnitten «Zeitzeugnisse») sind
Auszüge der exklusiv für die ARD-Fernsehreihe «Soldaten für Hitler» gedrehten
Gespräche mit Zeitzeugen. Die Auswahl und Zusammenstellung dieser Auszüge
besorgte Dr. Andreas Schrade.

Verantwortlich für die Fernsehfolgen sind:

Teil 1: Der Einsatz   SFB Redaktion: Dr. Hans von Brescius;
     Autor: Detlef Schwarzer

Teil 2: Die Niederlage   SDR Redaktion: Wilhelm Reschl;
     Autoren: Wilhelm Reschl, Martin Thoma

Teil 3: Die Verbrechen   NDR Redaktion: Volker Zielke;
     Autoren: Jürgen Brühns, Ingo Helm

Teil 4: Die Generäle   MDR Redaktion: Dr. Ulrich Brochhagen;
     Autor: Gerhard Thiel

Teil 5: Der Widerstand   WDR Redaktion: Klaus Liebe;
     Autor: Dr. Raimund Koplin

Teil 6: Das Erbe   MDR Redaktion: Martin Hübner;
     Autor: Henry Köhler

Koordination: Dr. Ulrich Brochhagen

Zum vertiefenden Quellenstudium:
Die verwendeten Dokumente sind im Original in den militärhistorischen Archiven im militärgeschichtlichen Forschungsamt Potsdam, Bundesarchiv-Militärarchiv Freiburg i. Br. und im Bundesarchiv-Filmarchiv Koblenz niedergelegt.

Abbildungsnachweis

Archiv Heinz Bergschicker, Berlin: 2, 3, 16 f., 20, 22, 24, 25, 26, 27, 29, 30, 33, 34, 35, 36, 38, 41, 43, 44, 45, 49, 51, 53, 55, 57, 59, 61, 63, 65 (oben), 67, 69 (oben), 70, 71, 75, 77, 79, 81, 83, 85, 87, 89, 91, 93, 95, 97, 99, 100, 101, 103, 105, 107, 109, 111, 113, 115, 117, 118, 119, 121 (oben), 123, 125, 128, 129, 131, 133, 135, 137, 139, 141, 146 (unten), 147 (oben), 151, 153, 155, 163, 165, 176, 177, 181, 183, 185, 187, 189, 191, 195, 197, 203, 205 / Bundesarchiv Koblenz: 127 (unten), 145 (unten) / Deutsches Historisches Museum, Berlin: 129 / Fotothek Karl-Detlef Mai, Störmthal b. Leipzig: 65 (unten), 69 (unten), 143, 198 (unten), 205 / Sächsische Landesbibliothek Dresden: 101 (oben), 121 (unten), 198 (oben) / Ullstein Bilderdienst, Berlin: 16, 18, 19, 146 (oben), 147 (unten), 157, 159, 169, 171, 175, 199, 207, 209, 211, 213, 215, 217, 219 / Zentrale Stelle der Landesjustizverwaltungen zur Aufklärung nationalsozialistischer Verbrechen, Ludwigsburg: 145 (oben)